## 主编简介

**刘建华** 中南大学教师,长期从事高教管理和实务工作,现任中南大学宣传部部长、新闻中心主任,中国高等教育学会宣传工作研究分会常务理事。英国里丁大学(University of Reading)访问学者。

高校校园文化建设成果文库

# 暖暖中南风

刘建华◎主编

光明日报出版社

**图书在版编目（CIP）数据**

暖暖中南风 / 刘建华主编 . -- 北京：光明日报出版社，
2017.12（2023.1 重印）

ISBN 978 - 7 - 5194 - 3775 - 6

Ⅰ.①暖… Ⅱ.①刘… Ⅲ.①大学生—模范学生—先进事
迹—长沙—现代②高等学校—优秀教师—先进事迹—长沙—
现代 Ⅳ.①K828.4②K825.46

中国版本图书馆 CIP 数据核字（2017）第 321864 号

## 暖暖中南风

**NUANNUAN ZHONGNANFENG**

主　　编：刘建华

责任编辑：曹美娜　朱　然　　　　责任校对：赵鸣鸣
封面设计：中联学林　　　　　　　责任印制：曹　净

出版发行：光明日报出版社

地　　址：北京市西城区永安路 106 号，100050

电　　话：010 - 67078251（咨询），63131930（邮购）

传　　真：010 - 67078227，67078255

网　　址：http：//book.gmw.cn

E - mail：gmrbcbs@ gmw.cn

法律顾问：北京市兰台律师事务所龚柳方律师

印　　刷：三河市华东印刷有限公司

装　　订：三河市华东印刷有限公司

本书如有破损、缺页、装订错误，请与本社联系调换

开　　本：170mm×240mm

字　　数：206 千字　　　　　　　印　　张：13.5

版　　次：2017 年 12 月第 1 版　　印　　次：2023 年 1 月第 2 次印刷

书　　号：ISBN 978 - 7 - 5194 - 3775 - 6

定　　价：68.00 元

# 编 委 会

# 中南风暖

## （一）

2015年3月12日，在中南大学湘雅三医院的病房里，即将毕业的中南大学硕士研究生尹琨正在抽取造血干细胞，这些造血干细胞将用于拯救千里之外一个素未谋面的年轻妈妈的生命。因为这一举动，尹琨被同学们称为"最帅毕业生"。

2015年4月7日，暴雨中一名女子倒地而卧，一名路过的女孩停下脚步。一边拨打急救电话，一边为这位女子撑伞，直到半小时后急救车来临。这个女孩叫秦丹丹，中南大学商学院大四学生。她的这一举动受到媒体和人们的盛赞，称她是"最美女孩"。

2015年4月16日，中南大学公共卫生学院秦露露、杨杨、张婷、蒋芳凡和胡召、高凡等6名硕士、博士研究生在沅江市阳罗洲镇进行疾病调查。当日中午，路过河道纵横的七子洑村时，他们发现水高岸阔的河中央有人在挣扎，然后，他们勇敢、快捷、默契、专业地将落水妇女救上岸，并帮她脱离昏迷。他们这个课题组被誉为"道德风尚模范集体"。

一个"最帅毕业生"，一个"最美女孩"，一个"模范集体"都因为自己的善举获得了人们毫不吝啬的赞誉。但是，救人一命的事，在尹琨看来，"既然是自己能力范围可以做的事，那就做吧，没什么好提的。"雨中撑伞半小时，在秦丹丹看来，不过是举手之劳的平常事。这是他们的心里话，或许也代表了中南大学大部分师生的内心想法。

那么，"最帅""最美"与"举手之劳"之间的差异在哪里？对八名学生的举动，大家都给予了赞誉，说明大家对于"善"的判定是一致的，对于"善"都是尊崇的。这就是我们常说的"尚善"——尊崇善心、推崇善举。那么,不一样在哪里呢?或许在于对"善"的理解与实践。孟子说:"人性之善也,犹水之就下也。"意思是说,"善"是人的本性,是人之为人的特性。孔子说"据于德""依于仁",则告诉人们,"善"是为人处世应该遵守的基本道德标准。所以,上述举动在中南师生的心里,都不过是遵从内心的"平常行为",是每一个有"向善"之心的人都会去做的事。

在中南,我们说得更多的一个词是"向善"——以善为出发点,向善而行。每个人都可以去积极实践自己心中的"善",更可以汇聚个人"小善"为众人"大善"。

在中南,有一项基金,名字叫"和谐中南基金"。基金规模不大,是中南人自己一点一点积累起来的,用于那些因政策范围、体制约束、历史原因等需要帮助的困难师生。

2014年7月12日,刚刚从中南大学毕业到深圳入职的地球科学与信息物理学院硕士毕业生黄梅和同住的表妹因煤气泄漏引发火灾被重度烧伤。家庭经济条件有限,且没有购买医疗保险的她们根本无法负担高额的医疗费用。学校在第一时间委派工会、学院负责人赶往深圳,送上特批的"和谐中南基金"资助款的同时,紧急派出湘雅专家会诊、联络深圳校友会救助。在不到5天的时间里,便收到各方善款130余万元,远远超出黄梅治疗所需的39万元的总款。黄梅和家人决定将余下的善款捐出来,提供给今后也需要它的人。2015年5月,黄梅听说地球科学与信息物理学院一个学妹身患白血病需要救助,当即决定将剩余善款中的50万元捐给学妹。

从"尚善"到"向善",应该是一个发展的过程。"尚善"是一种态度,一种价值选择;而"向善",是一种境界,是一个实践的方向,需要我们不断努力。

## (二)

2015年,社会媒体接二连三地报道了中南学子的善行义举,分析了为什么"暖新闻"在中南大学扎堆——那就是中南文化熏陶人,中南校风引领人,中南文化必然造就有善行义举的中南学子。

　　为了让中南人,特别是中南学子,更好地理解中南文化的精髓,感受中南文化的力量,我们以 2015 年 3 至 7 月社会媒体对中南学子三起救人事件的报道为契机,联合学工部、团委和各二级学院、附属医院,梳理、汇集近几年中南师生员工中涌现的善行义举,编写了《暖暖中南风》。按照"风化""风行""风尚""风格""好青年,中南造"这样一个脉络结构将本书编为五章,力求多方位、多层次地生动诠释中南文化的一面。

　　在"风化"章节,通过对校训校风的解读,阐释中南文化的人文精神和化育作用;在"风行"章节,以图表的形式,列举了中南大学近三年见义勇为的典型案例,重点还原了三起救人事件过程,描述事件人物在平凡生活中的表现;在"风尚"章节,收录学校授予三起救人事件人物为"道德风尚标兵"的表彰决定,编入了中南大学第一至第四届大学生道德模范风采素描;在"风格"章节,按照时间顺序选辑了 38 个中南师生员工近几年自发救人助人的故事,以体现中南人的文化自觉;在"好青年,中南造"章节,收录了社会媒体对三起中南学子救人事件的报道和述评,通过社会的眼光看中南文化的育人功效及其造就的品牌。

　　中南文化需要中南故事诠释,中南故事传承中南文化。"传承"既是"丰富发展"又是"引领示范",我们以《暖暖中南风》为书名,选辑中南师生中涌现的典型人物和动人故事,希望能对中南人传承中南文化、创造中南故事有所启迪。

编　者

2017 年 6 月

# 目 录
## CONTENTS

# 第一章 风 化

学校的校训为"知行合一、经世致用"。

学校的校风为"向善、求真、唯美、有容"。

——摘自《中南大学章程》

**中南的校训校风**

陪伴我们走过大学生活的校训校风,印在校园各个角落的校训校风,我们熟悉她的每一个字,有时却有些不解与疑惑。为什么选定这十六字作为中南大学的校训校风? 而她又是如何指引着我们?

让我们走进熟悉的却带着些许陌生的中南校训校风,看看隐于字面背后的故事吧!

 **校训:知行合一、经世致用**

"知"是认识,即对于物理事理的思维省察,对于人生哲理的领会理解。"行"是实践,即把所明白的道理运用和落实到人伦日用。"知行合一",就是强调认识与实践的统一,包括:一、既注重知,又注重行;二、既知得透彻,又行得切实;三、既以知为行的主宰,又以行为知的归宿;四、既重知向行的转化,又重行对知的更新和发展。

"经世",即改造世界,改善社会民生,治理世间事务;它大到致力于国家的繁荣、民族的振兴、社会的进步、人民的富强,小到推动区域环境和文明风习的变革。"致用",即学以致用,努力践行,在社会实践中发挥大学和人才对社会的引领作用。"经世致用"的根本旨趣,就是强调大学要以天下为己任,求索治世之道,培养济世英才,积极入世,引领文明,报效国家,服务人民。

中南大学以"知行合一、经世致用"为校训,一是切合中南大学长期以来积累的"面向国民经济主战场、面向民生大领域"的办学特色;二是与所秉承的湖湘文化精神底蕴相契合;三是与孙中山先生早年为湘雅毕业生的题词"学成致用"一脉相承。

而这三点,我们似乎能从 2015 年中南大学救人"群像"中隐隐约约看到印记。

2015 年 4 月,中南大学公共卫生学院社会医学与卫生事业管理专业 6 名课题组的学生勇救落水妇女,用自己的专业知识证明了"拯救生命是医者天职",更是用团队的协作互助做到了"学医者另一种意义上的救死扶伤"。

中南大学的教师,为人师表、率先示范,亦可窥见一斑。

2015 年 3 月 4 日,中南大学湘雅二医院医生龚昊立救助地铁上突发癫痫的男子;

2015 年 4 月 27 日,中南大学商学院副教授郑传均救起了落水儿童;

2015 年 5 月 8 日,中南大学湘雅二医院党委副书记薛志敏教授、第三党支部书记肖树在长沙飞往大连的航班上,救治癫痫症患者;

2015 年 6 月 16 日,中南大学辅导员于谦救助倒地受伤路人;

……

中南大学的教师不仅在学习生活中为学生树立了一个个好榜样,更在精神风貌上为学生建立了一道道人生坐标。

远承先秦诸子"备物致用"的为学之道和宋明理学"为万世开太平"的宏大志向,近效湖湘学派务实践行优良传统的"知行合一、经世致用",煌煌八言,荦荦万端。老师以身作则,学子谨记不忘。

## 校风:向善 求真 唯美 有容

2015年6月,中南大学对尹琨无偿捐献造血干细胞、秦丹丹雨中撑伞救人、公共卫生学院6名课题组成员勇救落水妇女三事予以表彰。而在表彰之前,学校对授予他们什么称号这个问题琢磨了很久。"我们最终确定为'道德风尚标兵'的称号,因为从他们身上,反映出了中南大学的风尚和校风。"时任中南大学党委副书记高山说。

中南大学的校风是什么?"向善、求真、唯美、有容"。

"向善"即为善弃恶,修身养德,树立正确的价值观和人生观,这正是中华先贤所追求的人生目标。《孟子·告子上》中说:"人性之善也,犹水之就下也。"将"向善"视为人之所以为人的特性;孔子强调"据于德""依于仁",即为人处世要谨守道德伦理,因循仁爱修养,爱同学、爱老师、爱人民、爱国家、爱人类进而扩展到爱护环境和自然万物。

"求真"是对于真理的向往,实事求是,真诚有信,这也正是孔子"志于道"之人生理想的现代诠释和表述。"道"是指世界的根本规律或形而上的本体,"志于道"是要立志探求天地万物的规律和奥秘,志道求真激励中南学子上下求索,永不止息。

"唯美"是寓审美于人生,陶冶性情,丰盈内心。这正如孔子所说的"游于艺",即通过礼仪、音乐、舞蹈、美术、体育、文史、数学等方面的学习,全面提升综合素质,获得丰盈愉悦的精神境界。

"有容"是拥有海纳百川的宏大气度和谦虚好学的宽阔胸怀。其义取之于《论语》"学而不厌""三人行必有我师"等教诲,"有容"方能不断进步、兼收并蓄,为成就大业打下坚实的基础。

对于真善美的向往是人类的永恒追求。中南大学教育学生的,不是对金钱名利的追求,而是对真善美的仰慕。"我们希望给学生的,是一种以真善美为标准的价值判断,只问对错,少问功利。是自己该做的,就应该去做。"中南大学党委书记高文兵说。

也正如时任校长张尧学在2013年毕业典礼上叮嘱毕业生,"希望寄托在你们身上！你们将要面对纷繁复杂的国际形势、将会面对各种复杂交错的矛盾和问题。请你们不要忘记中南的精神和中南的价值判断与中南的价值选择，这就是志存高远、敢为人先、向善求真、唯美有容"。2017年毕业典礼，校长田红旗寄语毕业生，"我最想对你们说的两个词是：担当和求实。担当，就是能扛事儿。中南大学历来就是一所有责任、有担当的大学。"

**我们和中南的约定**

或许在入学中南时，我们曾驻足于升华公寓升云门前，与"经世致用"来一个亲密的接触。

但是在离开中南时，我们会拿着最亲切的校友卡告别校园，上面印着中南大学的校训校风。

或许在不知不觉中，我们渐渐将这十六字融入自我，在潜移默化中，我们早已和中南大学约定好，身为中南人，不忘"知行合一、经世致用"，铭记"向善、求真、唯美、有容"。

# 第二章　风　行

## 第一节　三起救人事迹

三起学生救人事迹

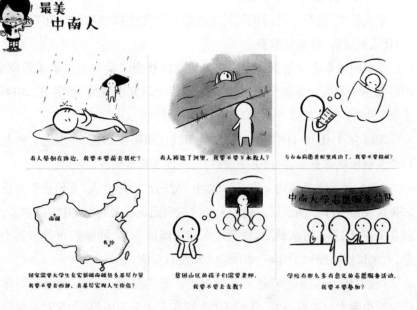

**事件1："最美毕业生"无偿捐献造血干细胞**

今年3月12日，即将毕业的机电工程学院研究生尹琨，业论文必须做的科研实验，冒着不能毕业失去已签约险，勇敢地捐献骨髓并向所有人隐瞒，直到学校收到的感谢函，学校才知道他捐献的造血干细胞成功挽救里之外的"80后"年轻母亲的生命。

**事件2："最美女生"冒雨撑伞救人**

今年4月7日，秦丹丹在一公交车站看到女子晕倒在地，立即为其撑伞遮雨陪护，人员和家属到来。她的善举被路过的市民下传至网上后，引发网友点赞潮，被赞最美女生"。

**事件3：研究生群体勇救落水农妇**

今年4月16日，杨杨等6名博硕生调研团在益阳市七子浃村调研时，发现一名50岁的农妇不慎坠入河中，他和另外一名同学冒着生命危险跳入河水暴涨的河中，与4名在岸的同学携手把农妇救上岸，并通过现场急救挽救了她的生命。

### 1.6 名研究生齐救落水老人

老人落水，命悬一线，救不救，怎么救？研究生课题组用实际行动告诉我们，什么是勇敢，什么是默契。

课题组的6名学生就读于公共卫生学院社会医学与卫生事业管理专业：2013 级博士研究生秦露露、杨杨，2013 级硕士研究生张婷、蒋芳凡，2014 级博士研究生胡召、高凡，6 个人师从同一导师徐慧兰。

2015 年 4 月 16 日中午，他们对益阳沅江市阳罗洲镇 60 岁以上的老人进行免费糖尿病筛查后，路过七子浃村时，发现了异常情况。

"我们远远看见路边又宽又深似河一般的水渠里有人，开始还以为是有人在抓鱼或是游泳。"胡召说。由于七子浃村河道纵横，恰逢四月雷雨季节，加之前几天连续下雨，河水暴涨，看到这水高岸阔的场景，同学们更是不放心。于是，大家试探性地喊了几声，水中的人却没有反应。

"这时候，我隐隐感觉这人是落水了。"秦露露说。于是，她带着同伴匆匆往河岸边跑去。走近一看，只见一个大婶在水中央不断浮沉，其间只能偶尔看见面部露出。

"大婶的脸好像肿起来了,可能落水有一段时间;而且她无法出声,也无明显挣扎的迹象,说明她已经意识不清。必须马上把她救上来!"迅速做出判断后,胡召马上脱掉鞋子,扔下手机,麻利地跳入水中。与此同时,杨杨也默契地做出同样的反应,跳进水里。

"有人落水了,有人落水了!"岸上的 4 名同学一边大声呼救,试图吸引附近村民的注意,一边准备接应胡召和杨杨。

很快,胡召和杨杨游到河渠中央,将体重 160 斤左右的大婶艰难地往岸边推移。

河岸陡峭,上面布满湿滑的青苔,无疑增加了救援的难度。怎么办? 岸边的秦露露环顾四周,发现不远处的河岸边有一棵树,并找来一根木棍。她和同学们一起跑到树下,借助树边有利位置,尽量靠近河面站稳,伸着木棍,向胡召和杨杨喊叫示意。

在听到岸边同学的呼叫之后,胡召和杨杨架着大婶,游到同学所在的岸边,拉住岸边伸过来的木棍,将大婶推向岸边。岸上的 4 位组员便迅速抓住大婶往上拉。

被救上岸的大婶,面色苍白,嘴唇发绀,已经不省人事。杨杨马上运用专业知识,对她进行抢救。不久,大婶开始恢复意识。在大家的呼救声中,附近村民和大婶的丈夫也赶了过来。在护送大婶回家的路上,她开始零星地说出一两句方言,感谢出手相救的同学们。

在大婶的叙述中,大家慢慢了解了事情的原委:被救的大婶姓卜,本村人,事发时在如同河流一般的水渠边上的田里干农活,天气炎热,她有些中暑。体力不支的卜大婶一不小心踩空,滚下护坡,掉入水渠中。不会游泳的她慌了神,只有本能地挣扎,却不知不觉转到了水渠的中央,也就是同学们最初看到的那一幕。"如果没有这些学生,我老伴的命就没了。"卜大婶的丈夫感激地说。

事后,杨杨说起这段特别的经历,还记得当时的冲动与仓皇:"人命关天,自己又会游泳,所以当时想也没想就跳进去了。其实还是有点后怕,因为水有一人多深,而且水底淤泥很厚,脚踩不实,稍一用力就陷下去了。"但是有这些同伴在一起,他居然一点儿也没感到害怕。

舍身的勇气,默契的协作,恰恰是 6 名研究生在短时间内救援成功的关键因素。"每个学生入学,我都会对他们说一句话:'先做好人,再做好事。'优良的道德品质对于一个人来说,是最为重要的东西。"导师徐慧兰说。共同的科研任务,更培养出六人心照不宣的默契。"不用提醒,男生们每每抢着脏活累活做,而需要细心和耐心的事情,女生们就会主动去做。"蒋芳凡说。

6 名研究生舍身救人的消息经媒体传播后,引起网友热议。有网友评论说,"中南学子杠杠的,为他们感到骄傲和自豪。"

### 2. 尹琨捐献造血干细胞

2015 年 3 月 8 日,机电工程学院 2012 级硕士生尹琨突然"消失"在老师和同学的视野中。正当大家纳闷时,中南大学收到了湖南省红十字会发来的感谢函:感谢尹琨同学志愿为配型成功的病人捐献造血干细胞。根据安排,尹琨将在 3 月 12 日开始进行第一次造血干细胞采集。

此时,得知尹琨"下落"的老师和同学们略微一惊,但是对于他有这样的决定和举动,师生们毫不意外。

其实,在尹琨的日常生活中,时时刻刻都充满了善举。早在本科期间,他就给自己定了一个计划:每隔半年到一年进行一次献血,截至目前,他有 5 次献血的经历了。一有空,尹琨就带领同学,一起去养老院看望老人、去聋哑学校陪伴小朋友、义务植树,等等。朋友有困难,能尽力解决的他总会说"不就是一句话的事儿吗"。

老师和同学们都说,在他能力范围内可以处理的事,尹琨就会不声不响地去解决。只是他们没料到,捐献骨髓这样的不是个把小时就能解决的大事,尹琨也这样不声不响地去做了。

红十字会登记的资料显示,2013 年 4 月 20 日,尹琨志愿报名加入中国造血干细胞捐献者资料库;2014 年 9 月 5 日,他与求助的白血病患者初配型结果相合;2014 年 9 月 19 日,采集尹琨 5ml 血液样本进行高分辨检验;2015 年 1 月 27 日,体检通过后,工作人员问他是否要告知父母,因为曾经也有因家人反对而放弃捐献的志愿者。尹琨拒绝了,不是怕父母反对,而是怕父母担心。得知消息的同学们也有些责怪尹琨,这么大的事怎么都没听他提过。尹琨笑着说:这有什么好提的,没事儿!

采集造血干细胞之前,尹琨需要承受超出一般捐血者的不适。由于尹琨的被捐助者是一个成年人,因此,从尹琨身上采集的造血干细胞要比一般采集量多一倍。一般情况下,捐献者每天只需注射一次动员剂(促进造血干细胞大量生长),而尹琨却要早晚各一次。在此期间,他要忍受着心跳加快、背部酸痛、头皮发胀等像重感冒一样的痛苦。在接受了连续 5 天的早晚动员剂注射后,3 月 12 日,他终于迎来干细胞采集工作,开始了"生命传递"的历程。

一大早,几个好朋友就赶到了湘雅三医院内科大楼尹琨的病房,为 8 点 30 分开始做干细胞采集的好兄弟加油。湖南省红十字会、中南大学研究生工作部和机电学院的老师和同学来了。尹琨的导师李艳也来了,她心里满是愧疚:"这个学期尹琨就要毕业了,开学初的论文研讨会上,我还批评了尹琨,要他抓紧。不知道他当时做了这样一件事,真的很佩服他。"

红十字会工作人员向尹琨转达了远在千里之外的被捐助者的感谢:非常感谢您能够无私给我捐献,让我还有时间去陪伴我 4 岁的儿子!让我还有时间去赡养我的父母!让我还有时间去陪伴我的丈夫!让我还有时间去享受阳光!让我还有时间去仔细感受生活!让我还有时间去爱这个世界上每一个爱我的人……静静地听着,尹琨笑了,笑得有些腼腆,却很满足。

尹琨的兄弟们说:爱运动的尹琨身体很好,他会很快恢复的!

这是信任,也是祝福。


### 3. 秦丹丹暴雨中救人

暴雨中,一女子晕倒在地。商学院金融专业 1101 班的学生秦丹丹不怕"碰瓷",毫不犹豫上前施救,被赞"中南最美女生"。

2015 年 4 月 7 日上午,秦丹丹走到清水路磨子山公交站时,看见一名中年女子倒在路边。当时,这名女子嘴唇和手都在发抖,脸色苍白,衣服都被雨打湿了。秦丹丹回忆起当时的场景,至今还颇有感触,"我走上前问她怎么回事,她突然握住我的手,手冻得跟冰块一样。"

从倒地女子手中,秦丹丹接过一张纸条,上面写的是女子家人的联系电话,她打电话通知其家人后,接过路人递来的伞等待着120急救的到来。这撑伞一等,就是整整半个小时。

秦丹丹毫不犹豫地帮助陌生人并非偶然。现在已经大四的她在班级里连任四年生活委员,为班上同学们默默地做着"后勤工作",深得同学们的信任。她笑着说:"我觉得能够为大家做事挺快乐的呀,不觉得很麻烦。"

对于公益事业,秦丹丹一直十分热心。在2014年长沙地铁开通试运行期间,她积极报名参加了"美丽长沙,文明地铁"志愿者服务活动,帮助长沙市民体验地铁带来的便利。此外,秦丹丹还分批次捐赠衣物和书籍给湘西山区的孩子;利用寒暑假,她多次参加学生社会实践和创新创业实践。她曾赶赴湖南省邵阳市隆回县进行农村院前急救现状的调研,发现目前农村院前急救知识的缺乏,也对农村土地正在推行的集约化经营问题提出了自己的见解,希望通过自己的努力为改善农村现状做点贡献。

常怀感恩之心,源于秦丹丹接受过来自学校和社会的帮助。2011年,她通过国家助学贷款绿色通道顺利来到中南大学学习。面对来之不易的学习机会,丹丹发奋努力,每年都获得学校的奖学金。2014年寒假,家里的一场变故让这个本来就困难的家庭雪上加霜,但是为了不影响她的学习,班导和同学们都瞒着她,直到2015年初秦丹丹才偶然得知真相。她说,回想起一直以来大家的关心和帮助,让她倍感温暖和幸福。

两天后,被救女士打来电话,告诉秦丹丹,她那天因为没吃早餐加上天气冷,出现了低血糖症状才晕倒。她一再地表示感谢。略有腼腆的秦丹丹被夸得有些不好意思地说:"这算不了什么,我曾经也接受过很多人的帮助,所以我也应该在别人需要帮助的时候伸出援助之手。"后来有人问秦丹丹怕不怕会被讹诈,她说"我也没想那么多,当时,我只觉得救人刻不容缓。"

谦逊低调的丹丹在即将毕业的时候,用行动为学弟学妹们传递了一份帮扶的信念,传递着属于中南的正能量。

## 第二节 人物风采

### 1. 最帅毕业生——尹琨

尹琨,男,汉族,1990 年出生,湖南邵阳人,中共党员,中南大学机电工程学院 2008 级本科生,2012 级在读硕士生。

尹琨同学思想端正,积极上进,踏实肯干,成绩优秀,本科期间每年都获得奖学金,被评为学校优秀学生。同时,作为党员学生干部,他积极组织公益服务活动,如:敬老院看望老人,聋哑学校陪伴小朋友,义务植树等,鉴于尹琨同学优异的表现,他被评为优秀班干部,他所在班级在他的带领下也被评为校级优秀班级和优秀团支部。他也积极参加科技竞赛,获得第五届中南大学机械创新设计大赛二等奖。在研究生期间,他参加了"863"项目和国家科技支撑项目,发表 EI 论文 1 篇,2015 年被评为中南大学优秀毕业生。

2013年4月,尹琨志愿报名加入中国造血干细胞捐献者资料库,成为一名造血干细胞捐献志愿者。2014年9月,他与求助的白血病患者配型成功,并采集样本通过了体检。为了不让父母、老师和同学担心,尹琨同学隐瞒了捐献骨髓的事。2015年3月9日,学校收到湖南省红十字会发来的感谢函,老师和同学才得知尹琨正在病房准备采集工作。3月12日,尹琨接受造血干细胞采集,成功救治了千里之外的白血病患者。红十字会工作人员向尹琨转达了远在千里之外的被捐助者的感谢。对方是一位"80后"年轻母亲,这位年轻妈妈在精心制作的卡片上写道:非常感谢您能够无私给我捐献,让我还有时间去陪伴我4岁的儿子!让我还有时间去赡养我的父母!让我还有时间去陪伴我的丈夫!让我还有时间去享受阳光!让我还有时间去仔细感受生活!让我还有时间去爱这个世界上每一个爱我的人……

尹琨作为一名即将毕业的研三学生,面对学业上的重重压力,在大家为毕业焦头烂额,为工作四处奔波时,他却淡定自如,依旧坚持半年一次献血的习惯;当得知HLA分型资料与一求助的白血病患者初配相合,他抛开学业、就业等诸多事务,毫不犹豫就同意履行捐献意愿,进行HLA高分检测和体检。当问到尹琨有没有担心自己因为这件事毕业受影响时,他说即使毕业受影响也要捐献,答应的事情一定要做到,如果他当时后悔,那么可能失去的就是一个鲜活的生命。尹琨说他特别能理解受助者强烈的愿望,在他病房的下面同样也是一位白血病患者,但是由于这种配型的概率很低,这个病人就没有配型成功的捐献者,看着他很痛苦,尹琨说心里面也很难受。

由于尹琨的捐助者是一个成年人,因此从他身上采集的造血干细胞要比一般采集量多一倍。一般情况下,捐献者每天只需注射一次动员剂(促进造血干细胞大量生长),而尹琨却要早晚各注射一次,在此期间他要忍受着心跳加快、背部酸痛、头皮发胀等像重感冒一样的痛苦,在接受了连续五天的早晚动员剂注射后,3月12日,尹琨接受了造血干细胞采集,成功救治了千里之外的白血病患者。

尹琨助人为乐的事迹在社会中受到了广泛的赞扬,师生们都说,他是"最帅毕业生",然而对于他来说,助人已然成了一种习惯。

2008年入读中南大学机电工程学院的尹琨在同学眼中其实挺普通,和大家一样上课,课余和兄弟们一起征战球场、唱嗨歌厅,唯一有些不同的——他是大家公认的好班长。

辅导员彭辉丽是2010年下半年才开始接手尹琨这个年级的,全年级20个班,527名学生。在彭辉丽的印象中,在学习和工作上自主能力都很强的尹琨把班里的各项事务都处理得非常好。"他会定期来找我汇报工作上的事,但从来不是把问题抛给老师,而是提出解决方案,和我像朋友一样,一起商量。"在彭辉丽看来,"90后"尹琨负责任、有担当,是个很正统的青年。

在同班同学的眼中,尹琨绝对是个好班长。同学七年的李洪宾觉得尹琨"很操心",班里大大小小的事务他都操心,像评选奖助学金这样容易发生矛盾的事情,尹琨更是处理得妥妥当当,公平而不失情谊,所以,同学们都很尊敬这个班长。

同学周密还记得,大三暑假实习期间,有一次下大雨,同学们都传说可以不用去实习了。尹琨在向老师确认需要正常实习后,冒着大雨,一个一个通知班上的同学。那天,班上30位同学都按时出现在实习课堂。在尹琨的带领下,2011年,他们班荣获中南大学"优秀班集体"称号。

尹琨此次捐献非常低调,他的同门师兄弟,甚至于指导老师在此之前都不知情。当问到他为何不告诉大家的时候,他只淡淡地回答:"这种小事,感觉没啥好说的吧?"那份坦然和随意,让人感觉到正能量满满的。其实尹琨同学在本科期间就给自己定了一个计划:每隔半年到一年进行一次献血,截至目前,他有5次献血经历了。

新时代的好青年,当代的活雷锋,用一颗无私奉献的爱心,点燃了生命之火,让我们为这位最美毕业生——尹琨,点赞!

### 2. 最美女生——秦丹丹

她来自河南安阳的小小农村，有一个亲爱的弟弟，梦想着考上理想的大学。

她终于考上了湖南长沙的中南大学，她恋恋不舍地离开。独自一人。

事情总是不那么顺心，打零热水烫到了脚，但是室友的关心让她很温暖。

她的成绩很好，家人为了不影响她的学习，只把家里发生的事情向她的辅导员哭诉，辅导员也让大家在她面前保密。

她热衷公益事业，愿意把自己的一生都奉献给社会

就在一个下着大雨的早晨，她救起了一个因血糖低而突然晕倒在路边的妇女，一直在雨中等待着救护车的到来。

秦丹丹，女，汉族，1991年10月出生，河南安阳人，中共党员，中南大学商学院金融学专业1101班学生。2015年4月7日上午10时左右，秦丹丹从驾校练车返回学校途经清水路磨子山公交站牌时，发现一名陌生女子晕倒在地。当时正下暴雨，女子倒在寒风冷雨中浑身发抖。出于关心，她立刻来到该女子身边询问情况，施以援手。在秦丹丹的帮助下，女子逐步恢复意识，秦丹丹随即致电其家人并委托他人联系120急救中心。在陪护女子等候家属和救护车的半个多小时里，秦丹丹丝毫不顾自己，在大雨中为女子撑伞遮雨并始终紧握她冰冷的双手，给她温暖和安慰。待家属和医护人员陆续赶到事发现场，秦丹丹妥善做好交接工作，并协助对该女子进行安置后才安心返回学校。

秦丹丹救助路人的善举被路过的市民用相机拍下并告知秦丹丹所在学院。当天,学院辅导员陈文将此事在微博上发布后引发校内外强烈关注,秦丹丹被赞为中南"最美女生"。

提起秦丹丹,班上同学都不约而同用"细心""体贴""善良"这几个词来描述她。她的室友、团支书邓咪说,"与丹丹同寝室是一种幸运"。寝室偶尔发生小别扭后,寝室长秦丹丹总是第一个出来调和,室友们遇到困惑了,丹丹总是扮演着知心姐姐的角色开导大家,培养了融洽的寝室氛围。室友生病了,饭菜是丹丹趁热去食堂打回来的;领快递的信息发到寝室微信群里,丹丹下完自习就带了回来;打开水时,她从来不会只带自己的水壶;帮室友送材料、论文排版、画结构图等琐事,秦丹丹总是力所能及地为同学提供帮助并乐此不疲。换教室上课时,总有个别同学丢三落四。秦丹丹在下课后会习惯性地留心扫视一下教室,帮同学拿好落下的东西。包里掉落的校园卡、课桌格子里的书、天热时摘下的手表,这些物品都是丹丹曾经收拾过的。拍摄毕业照时,大家都争着跟这位"最美女生"合影留念,足以看出她平日里积累下来的好人缘。

秦丹丹来自河南安阳农村,家中有一个弟弟在读大三,父亲身体不好常年在家,少有劳动收入。对于一个农村家庭而言,培养两个大学生的重担几乎全压在母亲一个人身上。大学期间,秦丹丹坚持勤工俭学,以乐观心态面对家庭的经济困境,积极生活,自强不息。为了减轻家庭负担,她一直做各种兼职,家教老师、快餐服务员、市场调查员、校园代理都曾经是她的身份。通过兼职,她不仅实现了经济独立,还能负担弟弟的一些费用。

进入中南大学以来,秦丹丹受到了来自学校和社会的关心和帮助。2011年,她通过国家助学贷款绿色通道顺利来到中南大学学习,她很珍惜这样的学习机会。在接下来的四年里,她每年都获得学校的奖学金,还获得了校友顾京捐赠设立的"世纪海翔酬勤奖助学金",这让她在减轻家庭负担的同时有了更多的感恩和担当。

2013 年暑假,由于不小心烫伤了脚,班导李涛老师和辅导员丁时杰老师第一时间去寝室看望,并帮助其申请到了商学院爱心酬勤基金。2014 年寒假,家里的一场变故让这个本来就困难的家庭雪上加霜,但是为了不影响她的学习,李涛老师和同学们都瞒着她,直到2015年初秦丹丹才偶然得知真相。回想起这一年里大家对她生活中的点点滴滴关心和帮助,才明白老师和同学一直在暗中给予她关怀和支持,这让她倍感温暖和幸福。

秦丹丹说,正是来自学校和社会的温暖,让她始终心怀一颗感恩的心去回馈他人,也让她觉得自己有责任去回报这个社会,无论以哪种形式。滴水之恩,当涌泉相报。也许不一定是回报给某一个人,但是一定是给需要帮助的人。

秦丹丹热心公益事业。在2014年长沙地铁开通试运行期间,她积极报名参加了"美丽长沙,文明地铁"志愿者服务活动,帮助长沙市民体验地铁带来的快捷。一起在长沙地铁做志愿者的同学张勇说,丹丹在志愿活动中热心、淳朴、吃苦耐劳,脸上始终带着微笑引导乘客。此外,秦丹丹还分批次捐赠衣物和书籍给湘西山区的孩子;利用寒暑假,多次参加大学生社会实践活动和创新创业活动,曾赶赴湖南省邵阳市隆回县进行农村院前急救现状调研,发现目前农村院前急救知识缺乏,也对农村土地集约化问题提出了自己的见解。她希望可以通过自己的一份努力,为改善农村现状做一份贡献。

秦丹丹毕业后将前往华为技术有限公司工作,在即将毕业之时她用行动为全校学子传递了一份帮扶的信念,传递着属于中南的正能量。秦丹丹也表示将带着培育她涵养她四年的中南文化和中南精神到工作岗位,在平凡岗位实现自己的职场梦、青春梦。

### 事迹关联

### "最美女生"背后有一个"最美班集体"

因为关心同学,体贴心细,秦丹丹被同学们推举当了四年生活委员。管理班费时,她创建了各种表格统计班费收支,定期向同学们公示支出情况,使之一目了然;组织策划活动时,她充分考虑同学们的感受想法,提前做好资金预算,规划好乘车路线,默默做着班级的"后勤保障员"。

秦丹丹没想到这次救路人的事情反响这么大,在她看来如果换作其他同学,也会如此做。的确,2014年暑假的专业实习中,班长林海燕同学就有过救人的善举。当时,林海燕和班上同学在某银行网点大堂实习。一天中午,正在当班的她听到银行门外传来了呼救声,林海燕冲出门外,发现一位年龄和自己差不多大的女孩晕倒在了 ATM 机旁,口吐白沫。就在围观的人还在掏手机拨打急救电话时,林海燕已经蹲下,将晕倒的女孩背起朝附近的医院奔去,帮女孩挂号,直到医生收治后才离开。事后,被救女孩特别来到银行感谢海燕。秦丹丹说,班长救人时她没在场,但是听说这件事后让她觉得班长身上有一种力量感染了自己,也激励着身边的同学。

秦丹丹所在的金融专业 1101 班是一个优秀而有爱的大家庭。每年学雷锋活动月,班级都会开展以"多一份和谐 多一个雷锋 多一份关爱"为主题的公益活动。清理学生公寓围栏上的污渍,到福利院看望孤寡老人,为贫困地区学龄儿童捐赠笔芯⋯⋯这些都是班级同学曾经参与组织过的。班级的学习风气在全院闻名,14 人前往北大、厦大等高校读研,7 人前往英美名校留学深造,班上的王佳康和刘英杰同学还名列 2014 年校图书馆"跑馆达人"第三名和第四名。前段时间班上一位同学因肺炎住院,班上每个寝室都自发前往医院探望。"即将毕业要各奔东西,但是我们心里都互相牵挂着,班级有一种向心力牢牢团结着每一位同学。"班长林海燕说道。正因为如此,金融专业 1101 班先后被评为校雷锋式团支部和校级先进班集体。商学院党委副书记李华东认为,金融专业 1101 班的同学有"三好":"学习好、品行好、公德好",他们的善举是大学生们践行"社会主义核心价值观"的最好体现。

**事迹分析**

**中南正能量激励前行**

中南大学历来注重对学生的思想引领,尤其提倡学生党员的先锋模范作用的发挥。中南大学"知行合一,经世致用"的校训引导着秦丹丹学习与生活中的优良作风。学校思政教育体系培育了学生党员应有的世界观、价值观和人生观,2013 年王超老师停车救人的事迹也促使秦丹丹同学积极践行"向善求真,唯美有容"的优良校风。

中南大学商学院长期致力于学生"榜样力量引领工程"的建设。商学院每周一期的"榜样力量"专题刊登在学院官方网站和微信微博,榜样力量涵盖公益之星、学术之星、文体之星、道德模范、集体力量等类别,近两年来已刊载 30 余期,形成优良的典型示范效应。学院提倡正能量的传递,先后涌现出拾金不昧的本科生夏本、调研途中勇救落水女童的郑传均老师等典型。

秦丹丹同学的善举在引发强烈反响之后，媒体展开后续跟踪报道，将其体现的社会主义核心价值观通过网络传播深入学生心中。同时，学院一直关注贫困学子的生活学习，以爱心拍卖会筹集善款、校友捐助等物质支持形式和多样的人文关怀助力贫困学子成长成才，全面发展。其中，商学院1985级校友顾京先生捐资1000万元设立中南大学世纪海翔教育基金，每年资助130余名学子。而设立于1999年的商学院爱心酬勤基金为寒门学子提供了更加完善的资助，免除他们的后顾之忧。

**事迹反响**

**他们眼中的秦丹丹**

程贝贝和秦丹丹是老乡，大二时一次偶然聚会，让她认识了这个仗义的朋友。"朋友有事打个电话找她帮忙，从来没说过'不'字"，在朋友程贝贝眼里，秦丹丹乐于助人、独立自主，是个性格直爽、坚强乐观的姑娘。

商学院辅导员陈文对秦丹丹做出救人善举并不感到意外。在她眼里，丹丹是个很低调的孩子，品学兼优，年年都能拿奖学金。2014年她被推选为班上唯一的一名预备党员。丹丹每年暑假都在勤工俭学，平时也做兼职，但是学院里创新创业立项、志愿活动总能看到她的身影，担任生活委员处处为同学着想，她在帮助他人回馈社会的同时也进一步升华了自我。

在父母眼里，丹丹是一个很懂事的孩子，小小年纪就为家里分忧。她每年寒暑假因为要留在学校做家教，在家里待的时间都不长，读大学以来不仅有了独立经济能力而且还负担着弟弟的一部分学费。儿行千里母担忧，丹丹马上就要去深圳工作了，离家更远了，父母希望她能好好照顾自己，长胖点儿。

正在郑州读大二的弟弟获悉姐姐救人的善举后感到非常自豪。他说，一般情况下大家对"倒地的人"唯恐避之不及，姐姐却能想都不想就上前帮扶，我为有这样善良的姐姐而感到骄傲。

秦丹丹曾经做过家教的学生家长看到媒体报道后，特意打电话来称赞丹丹老师有耐心有爱心，有时还会给孩子带小礼物，孩子很喜欢她，并希望孩子以后能以丹丹为榜样，向她学习。

### 3. 416 研究生救人群体

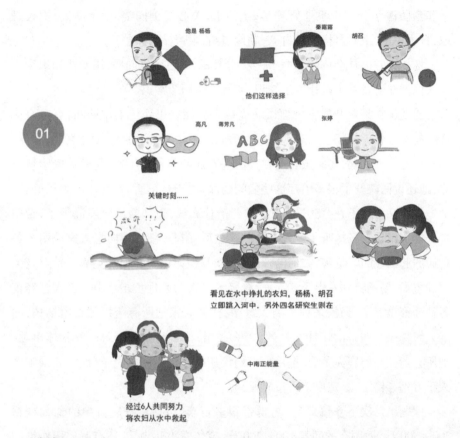

### 杨杨

男,汉族,1984 年 11 月出生,河北唐山人,中共党员,中南大学公共卫生学院 2013 级博士生。

在老师的眼中,杨杨政治觉悟高,思想上积极要求进步,自觉加强政治理论修养和党性修养,为人谦虚真诚,品行端正。时刻以共产党员的标准严格要求自己。

在同学眼中，杨杨始终把学习放在突出位置，虚心好学，勤奋刻苦，成绩优良，不断拓宽学习范围，从之前的临床学知识逐步扩展、深入到现在的社会医学和预防医学和卫生事业管理学；生活上，关心爱护同学，乐于助人，积极进取，自强不息，平时严格要求自己，勤俭节约，艰苦朴素。

杨杨经常以社会调研和"三下乡"等契机，关注民生问题，用专业知识为广大人民群众普及基本医疗卫生知识，讲解安全用药常识。

课题组在某村开展农村糖尿病高危人群筛查工作。工作期间，有个身体虚弱的老人告诉杨杨自己有糖尿病、高血压、冠心病、心脏病、神经衰弱、肿瘤、血吸虫等七八种病，还拿出自己在大医院看病的各种病历本，化验单等给杨杨看，他还说医院开了很多治疗这些病的药品，由于自己听力、视力不是很好，再加上子女又常年不在身边，对于某种药治什么病，怎么服用已经混淆了，希望杨杨能够帮他。杨杨听了老人家的叙述之后，耐心、细心地向老人家说明了各种病的起因、症状、危害、如何治疗保养，以及如何预防其他常见病。针对老人家的焦虑，杨杨特别安慰了老人家，减轻了老人的心理负担。由于老人已经把各种药都搞混了，杨杨来到了老人家中，让老人家把所有药物都拿给杨杨，向老人解释每个药是治疗什么病的，怎么服用，什么时候可以服药等具体事项，把所有药一一解释完了后，把治疗不同疾病的药用不同的袋子分装，并嘱咐老人千万别弄错了，一定要记得按时服药。

课题组每次下乡搞调研，需携带很多行李，包括测餐后血糖的葡萄糖粉200～300斤，做调查的问卷100～200斤，宣传海报几十斤，还有测血压血糖的医疗器械、身高体重秤、泡糖水的一次性杯子，还有每个成员自己带的个人行李，每次都是大包小包一大面包车。在装车、卸车以及把东西搬到各个糖尿病筛查现场的时候，杨杨总是先挑最重的搬，有时候某个女生搬了个较重的东西，他立马从女生手中夺过来，并且说"你们只要拿杯子，海报就行了，其他的东西有我们男生呢"。有一天，调查组和当地卫生院的医生一起在室外给老年人做检查，突然间狂风大作，暴雨倾盆，他没有在第一时间选择在屋檐下躲雨，却冒着大雨，把给病人检查身体的医疗仪器、糖袋、检测试纸等一一搬到屋檐下。

每次问卷调查时,杨杨总是主动挑最远的去,而且每到一户总不忘给村民一些健康建议。杨杨也是非常关爱团队成员的,尤其是女性,每次都不放心某个女生单独出去做问卷调查,都会先陪同女生做完再去完成自己的任务。随行同学都说,杨杨有担当,有责任,有大爱。

蒋芳凡说,杨杨师兄有担当,有责任,重活累活抢着干,细心、耐心,在调研过程中耐心为老人分析病情,都能给出治疗建议,无论是生活上还是心理上,都关心团队成员。

高凡说,他是队伍中的老大哥,非常幽默,知道的东西也非常多。在调查期间,脏活累活抢着干,很朴实、自然地表现出奉献精神。我们当中有任何人遇到问题就请教他,他都会耐心解答,所以我们都佩服他。

胡召说,杨杨师兄比较谦和、思想进步,为人朴实,待人谦逊。不计较个人得失,专业知识扎实,能运用到实践活动和实际生活中。

张婷说,杨杨师兄学识渊博,在救人的过程中,表现得很专业;平时做调查过程中,很热心解答调查者的各种询问。

### 秦露露

女,汉族,1987年6月生,贵州贵阳人,中南大学公共卫生学院博士生。

在老师眼中,她热爱祖国,关心国内外时事政治,具有强烈的工作责任感和集体荣誉感。

在同学眼中,她学习态度好,勤奋刻苦,成绩优异,于2013年由硕士转为硕博连读的博士生。尊敬师长,关心集体,乐于助人。学习自主性强,富有挑战意识和创新能力,工作认真负责,有良好的领导组织和协调沟通能力,是一个非常优秀的博士生。

她积极参加各类社会实践活动,多次参与美国中华基金会、国家自然科学基金、省级课题以及校级等各种学术活动,并积极参加各类志愿者、无偿献血等社会公益项目,曾担任中南大学社会医学与卫生事业管理系助管。

她曾获中南大学研究生奖学金,中南大学研究生创新课题奖。

在蒋芳凡眼中,秦露露认真负责、做事细致、关心团队所有成员。

高凡说,露露师姐非常勤奋认真,在调查期间,主要负责各种联络,是调查团队中的负责人,具有很强的责任心。她也非常乐于助人,当我们当中有人心情不好时,她就细心开导。

胡召说,秦露露师姐待人真诚,作为我们调研小组的小组长,做事认真负责,心态乐观积极向上,平时乐于帮助他人。

### 胡召

男,1992 年 3 月出生,湖南常德澧县人,中南大学公共卫生学院 2014 级研究生。

他担任公共卫生学院学生会副主席一职,经常有序地组织同学参加各项活动,包括文体活动和志愿服务。在湘雅百年纪念活动、全国公共卫生学院院长会议期间担任志愿者,他还积极参加献血等公益事业。

他学习刻苦,学术严谨认真,能吃苦耐劳,以积极乐观的心态面对生活中的困难。经常帮助需要帮助的人,在公交车上一定给老人让座,有强烈的社会责任感。

曾获中南大学心理情景剧校级团体三等奖,中南大学研究生奖学金。

在蒋芳凡眼中,胡召总是抢着干脏活、累活;自己遇到什么困难,会主动去克服,别人遇到什么困难,会主动去帮忙。调查期间的很多困难,他都积极协助师姐、师兄去解决。

在高凡眼中,胡召有担当、有责任,苦活累活争着干,对女生等柔弱者特别关心。

张婷说,胡召同学是一个很阳光的小伙子,在调查过程中,照顾着大家的方方面面,也很乐意为大家分担调查任务。

### 高凡

男,汉族,1990 年 9 月出生,陕西渭南人,中南大学公共卫生学院 2014 级研究生。他乐于帮助别人,助人为乐。勤奋刻苦,善于钻研,成绩优良,注重理论知识的学习和学以致用,并全身心投入科研调查,平时乐于助人,能以积极乐观的态度面对生活和学习中的困难,积极参加社会实践活动、无偿献血活动,具有强烈的社会责任感。

图左为高凡

曾连续两年获得中南大学学年奖学金,话剧表演三等奖。

在胡召眼中,高凡待人诚实,关心他人无微不至,有责任心,积极向上,待人接物谦卑有礼貌。

蒋芳凡认为,高凡做事非常细致,一丝不苟,严谨认真。

在同学眼中,高凡做人真诚,做事踏实。担任学院办公室助理,经常帮老师处理日常事务,对毕业答辩、论文提交、办理离校手续、处理各种疑难问题等,他都任劳任怨。能耐心帮同学们查询信息,帮助老师发送学院通知,能认真负责地处理评奖评优等事务。

### 蒋芳凡

女,汉族,1990 年 4 月出生,湖南邵阳人,中共党员,中南大学公共卫生学院 2013 级硕士研究生。她思想进步,品行端正,积极参加院里组织的各项党支部活动,如彭德怀故居参观学习,"三严三实"专题教育及其他各类讨论会,自觉提升政治理论素养和加强党性修养,严格以一名优秀党员的标准来要求自己。她虚心好学,积极向导师,师兄师姐求教问题,注重理论与专业知识的应用,积极参加各课题组调研活动,如湖南省卫生厅农村就诊流向调查,农村糖尿病筛查与预防课题等,积极参加各类学术报告会,交流会,提高自己的专业水平,曾获得伦理学资格认证证书。

她受导师推荐,担任社会医学系的研究生助理,工作认真负责,任劳任怨,也曾主动参与湘雅百年院庆、全国公共卫生学院院长会议的志愿工作,做事细致、主动、负责。

她生活态度乐观,自强不息,关心亲朋好友,热心助人,热心帮助系里外籍留学生翻译中文及填写各种材料等,帮助室友照顾生病的亲人。

在这次益阳课题的调查中,六个团队成员互相帮助,相互理解关爱。在乡下,碰到需要帮助的老人,也热心帮忙,如提供健康小建议,帮老年人拎东西,倾听并安慰孤巢老人。

高凡在谈及与蒋芳凡一起下乡调查时说,蒋芳凡十分勤快,我们团队中她主要负责记录工作,由于需要记录的事项十分多,十分复杂,任务量很大,但她任劳任怨,并且有时会抢着干些体力活儿。

胡召说,蒋芳凡热心助人,做事做人诚实,勤俭节约,能吃苦耐劳。平时和团队的人和睦相处,自信有涵养。

张婷说,蒋芳凡心地善良,心胸宽广,乐于帮助身边需要帮助的人。学习认真,成绩优异,积极参加各种学术活动,课题调研活动。对课余活动,积极踊跃,主动参加校级活动,如拔河比赛、话剧表演等。

### 张婷

女,汉族,1990 年 1 月出生,陕西合阳县人,中南大学公共卫生学院 2013级硕士研究生。她思想进步,严格要求自己,注意加强政治理论素养和党性修养。2014 年参加了中南大学举办的入党积极分子培训班学习。

上课认真,各门功课都取得了优异的成绩,很多课余时间也用来钻研专业知识,参与省卫生厅和导师的课题,假期去科研机构实习。

她积极参与各项活动,研一时参加了学校举办的话剧团队比赛获得三等奖,研二参加学校举办的拔河比赛,其团队获得团体第四名。

参加了美国耶鲁大学与中南大学举办的伦理学培训班并获得资格证书，获得研究生全额奖学金，全额助学金。

在高凡眼中，张婷十分热情，具有敬业精神。糖尿病高危人群筛查课题的对象主要为老年人，她对待每个老人就像自家老人一样，很礼貌，很温馨，不厌其烦。

蒋芳凡说，张婷是一个严于律己的学生，她平时协助系里的教学工作，在管理多媒体教室时，经常早出晚归，"披星戴月"。平时有好吃的也很乐意和大家分享。

秦露露说，张婷的沟通协调能力特别强，在课题调查过程中，能协调好各个方面的关系，照顾好大家的饮食起居。

**细节还原**

**共谱协作救人曲**

2015年4月起，中南大学公共卫生学院社会医学与卫生事业管理系的研究生秦露露、杨杨、胡召、高凡、蒋芳凡、张婷组成的调研团队，因参与徐慧兰教授《农村60岁及以上Ⅱ型糖尿病前期人群社区综合干预模式及卫生经济学评价》与中南大学教师基金《农村社区糖尿病高危人群生活行为方式干预研究》的课题，在湖南省益阳市沅江阳罗洲镇开展为期一年的农村老年人糖尿病高危人群的筛查与干预。

2015年4月15日下午，在当地村干部的带领下，课题组挨家挨户地通知当地 60 岁及以上的老人到村委会做血糖检测,准备 16 日上午在胜利村村委会为当地 100 多位老年人免费做糖尿病筛查检测。此时,课题组刚刚完成了原计划 30 个村里面 3 个村的筛查。

4 月 16 日 10 点左右,因前一天大家准备充分,课题组提前完成了当天上午的任务。在把标本送到了当地中心卫生院后,立刻返回到七子淶村为下午的下一个村的调研材料做准备,就近在当地村上吃了午饭。11 点 20 分左右,天气异常炎热,外面人烟稀少。课题组在返回七子淶村取材料的途中,意外发现前方大约 10 米的河中,隐约有人在水中上下浮动,只露着头,远远看去,好像那人在河中抓鱼或者游泳。但大家转而一想:七子淶村河道纵横,恰逢四月春雨季节,加之前几天连续下了几天暴雨,水位高,水势凶猛。看到这一幕,大家异口同声地说:"危险!"于是大家试探性叫喊了几声,但没有回应,他们加快步伐,走近一看,发现水中原来是一妇女,此时该妇女面部浮肿,脸色苍白。凭着扎实的专业素养,同学们很快判定该妇女已溺水,已经无明显的挣扎迹象,生命垂危。队长秦露露迅速询问组员中有谁会游泳,此时会游泳的胡召和杨杨已经扔掉了手机,甩掉了鞋,顾不上脱掉衣裤,先后跳入河中施救。剩下的四人则在岸边接应,同时大声呼救。

胡召和杨杨很快游到了河中妇女的身旁,他们艰难地将妇女往岸边推,但因当时河道两旁长了青苔非常滑,河底布满淤泥,加之河岸坡度较大,妇女较胖,大概有 160 斤左右,增加了救援的难度。此时队长秦露露及时发现了岸边有一棵树,并且很快找来了一根木棍,四人便借助树边的有利位置,向河中施救的胡召和杨杨呼叫。在听见岸边同学的呼叫之后,胡召和杨杨架着妇女的两只胳膊,拉住岸边伸过来的木棍,艰难地将妇女推向岸边。岸上的四位组员便迅速抓住妇女的上半身往上拉。

经过六人的不懈努力,成功将该妇女拉到岸上,并迅速将其抬至旁边马路上的平坦处,当时该农妇已神志不清,面色苍白,腹部膨胀,试触脉搏微弱。队长秦露露毫不犹豫解开了妇女的衣裤,杨杨则立即对其进行心肺复苏和人工呼吸,17 秒内 30 次胸部按压,开放气道,将头侧向一方,清除口腔异物,进行两次人工呼吸。在完成两轮心肺复苏之后,该妇女口中咳出几口浊水,恢复了一点意识,并开始有自主呼吸。与此同时,村民陆续赶来,等妇女的丈夫赶到时,该妇女已经基本恢复意识,生命体征基本恢复。于是六人与其丈夫一同把该妇女送回家中。途中,落水农妇低声对扶着她的胡召说:"谢谢了,如果不是你们,我命早没了",她丈夫更是连声感谢,周围的村民一路上都连连称赞。到了农妇家中之后,队长秦露露叮嘱其家属要随时观察农妇的身体状况,有异常情况要及时送医。胡召和杨杨便光着脚走回了住处。半小时后,队长秦露露还是放心不下,又一次来到农妇家中探望,此时,农妇自述胸闷、心悸、全身发冷,秦露露果断建议立即就医,随后农妇丈夫便找来了当地医生进行救治。

**现场拾零**

胡召:在看到农妇溺水的那一刻,虽然心里很害怕,心跳加快,但是看到旁边有这么多组员,害怕立即转化成动力,便立即跳入河中施救。在救援过程当中,因为岸上同学的叫喊和鼓励,感觉自己浑身充满了力量。

高凡:起初我以为那人在河中挖莲藕或者是摸鱼,走近一看才发现不对劲。在看见胡召和杨杨跳入河中之后,我就立即和几位师姐全力协助他们,将农妇安全地拖上岸。

蒋芳凡:听见胡召和杨杨在跳入河中时说了句:水好深!我当时心里真的挺紧张的,也很担心他们俩的安危,但是自己又不会游泳,于是就与其他三人一起在岸边协助。看到农妇被救到路边时已神志不清、脸色苍白、呼吸微弱,我非常担心,更加积极地配合杨杨师兄和秦露露师姐进行施救。

张婷:因为当时天气比较炎热,在杨杨师兄把农妇救上岸后,我担心她中暑,想尽快找一把伞给农妇遮挡太阳,于是我立即跑到周围的农户家里找伞,这时候恰巧农妇的丈夫赶到,然后杨杨跟他将农妇背回家中,我就帮杨杨和胡召拿上鞋和手机。

秦露露:当事情发生的时候,感觉这件事情非常紧急,作为医学生,救死扶伤是我们的责任,我们必须挺身而出,但是我作为队长必须首先确保全体组员自身的安全,经过短暂的心理紧张之后,我当即决定组织好分工,要对该农妇科学施救。于是我们迅速在岸边找到了有利的位置,又找来了木棍,再加上对河中两位同学的信任,我们对施救就有了一定的把握。得益于全体组员专业的救援知识,农妇最终被成功拉上岸。看到该农妇依旧昏迷,我们熟练地对她进行了抢救。待农妇恢复了意识和自主呼吸之后,其生命迹象逐渐恢复,我们也松了一口气,顿时感觉一条生命终于被我们抢救回来了。

杨杨:假如当时没有过硬的心理素质、扎实的专业素养与齐心协作的团队精神,很有可能该妇女已经溺亡。在农妇得救之后,我们全组成员内心都非常欣慰。感觉在学校学习的知识是多么的重要,终于派上了用场,并且成功挽救了一条生命。我觉得,作为一名医学生,这种事情正是我们应该要做的,这也是我们学校老师一直以来教会我们的。

# 第三节　开枝散叶

## "不孤单"的善举

### 尹琨不孤单

2009年12月30日,土木工程学院建筑学硕士研究生刘子建捐献造血干细胞,被誉为"最美新娘";

2012年12月12日,湘雅二医院泌外移植科博士生莫淼捐献造血干细胞,用实际行动践行职业诺言;

2015年3月12日,机电工程学院应届毕业生尹琨捐献造血干细胞,被赞为"最帅毕业生"。

### 秦丹丹不孤单

2013年6月18日,中南大学"准医生"徐敏救助街边昏倒老人;

2013年12月24日,中南大学能源院辅导员王超救助车祸受伤女子;

2014年2月23日,中南大学建筑与艺术学院辅导员郑强伟救护突发疾病的学生家长;

2014年10月2日,中南大学团委副书记金冠华与校团委组织部几位同学车祸现场救人;

2015年3月4日,中南大学医生龚昊立救助地铁上突发癫痫男子;

2015 年 4 月 7 日,中南大学商学院应届毕业生秦丹丹雨中撑伞救助晕倒路人;

2015 年 6 月 16 日,中南大学辅导员于谦救助倒地受伤路人。

### 416 救人群体不孤单

2014 年 11 月 15 日,航空航天学院、冶金环境学院辅导员救助车祸受伤学子;

2015 年 4 月 16 日,中南大学公共卫生学院 6 名研究生勇救落水农妇;

2015 年 4 月 27 日,中南大学商学院副教授郑传均勇救落水儿童;

2015 年 5 月 8 日,中南大学湘雅二医院党委副书记薛志敏教授、第三党支部书记肖树副主任护师在长沙飞往大连的航班上,救治癫痫症患者。

### 大爱中南

**抗震救灾有中南**。2013 年 4 月 20 日 8 时四川省雅安市芦山县发生 7.0 级地震,地震造成伤亡惨重。中南大学湘雅二医院紧急组建抗震救灾医疗队,赶赴灾区开展医疗救治工作。

**监利救护有中南**。2015 年 6 月 2 日,由 6 人组成的中南大学湘雅二医院专家医疗队急赴湖北监利县,开展倾覆客轮获救伤员救治工作。

**大病来临有中南**。2014 年 8 月 16 日,湘雅医院重症医学科专家徐道妙、感染性疾病科专家沙新平作为湖南支援塞拉利昂抗击埃博拉疫情首批专家远赴灾区。

**和谐基金在中南**。2009 年,和谐中南基金成立,汇聚善款 3000 多万元,资助困难师生 48 人,资助总额 180 多万元。

# 第三章　风　尚

## 第一节　道德风尚奖

### 关于授予秦露露等 8 位同学道德风尚标兵
### 荣誉称号的决定

（中大党学字〔2015〕7 号）

　　"4·16 研究生救人群体"秦露露（女）、杨杨、胡召、蒋芳凡（女）、张婷（女）、高凡等 6 位同学是中南大学公共卫生学院研究生。2015 年 4 月 16 日中午,正在湖南省益阳市阳罗洲镇七子浃村进行课题调研的秦露露等 6 人,发现一名 50 岁左右的农妇在干农活时不慎掉入河中,随时有生命危险。在千钧一发之际,杨杨、胡召立即跳入河中,另外 4 人在岸边接应,共同努力将农妇从水中救起,并立即进行紧急抢救,之后与闻讯赶来的农妇丈夫一起,将其送回家中休养。

　　尹琨,男,中南大学机电工程学院 2012 级硕士研究生。尹琨于 2013 年 4 月自愿加入中国造血干细胞捐献者资料库,成为一名造血干细胞捐献志愿者;2014 年 9 月与求助的白血病患者配型成功,并通过了样本采集检验和体检;2015 年 3 月 12 日接受造血干细胞采集,成功救治了千里之外的白血病患者。

直到 2015 年 3 月 9 日收到湖南省红十字会发来的感谢函,学校才知晓尹琨捐献造血干细胞的事迹。

秦丹丹,女,中南大学商学院 2011 级本科学生。2015 年 4 月 7 日上午,秦丹丹在途经学校附近清水路磨子山公交站时,发现一名陌生女子晕倒在地,便立即上前施以援手。在她的帮助下,陌生女子逐步恢复意识,秦丹丹随即致电其家人并委托他人联系 120 急救中心。在等待女子家属和医护人员赶来的半个多小时里,秦丹丹始终在大雨中为女子撑伞遮雨,并认真陪护照顾。

秦露露等 8 位同学助人为乐、奉献爱心、见义勇为的先进事迹,在学校和社会各界引起强烈反响,彰显了中华民族的传统美德,展示了当代大学生高度的社会责任感和良好的精神风貌,是新时期雷锋精神的生动体现,是践行社会主义核心价值体系的典范。为表彰他们的先进事迹,学校决定授予秦露露、杨杨、胡召、蒋芳凡、张婷、高凡、尹琨、秦丹丹等 8 位同学"道德风尚标兵"荣誉称号。

希望全校广大学生以他们为榜样,学习他们无私奉献、见义勇为、勇于担当的精神,积极践行社会主义核心价值观,争做新时代优秀青年和中华民族传统美德的传承者,在实现中国梦的伟大实践中贡献青春、智慧和力量。

中共中南大学委员会

2015 年 6 月 13 日

## 中南大学关于授予"4·16"研究生救人群体道德风尚模范集体荣誉称号的决定

### (中大党研字〔2015〕3 号)

"4·16 研究生救人群体"秦露露(女)、杨杨、胡召、蒋芳凡(女)、张婷(女)、高凡等 6 位同学是我校公共卫生学院研究生。2015 年 4 月 16 日中午,正在湖南省益阳市阳罗洲镇七子涝村进行课题调研的秦露露等 6 人,发现一名务农劳作的农妇不慎掉入河中,随时有生命危险。在千钧一发之际,课题组组长秦露露马上组织课题组成员救人,杨杨、胡召两位会游泳的同学立即跳入河中施救,其他 4 人在岸边接应,共同努力将农妇从水中救起,并立即进行紧急抢救,之后与闻讯赶来的农妇丈夫一起,将其送回家中休养。

秦露露等6位同学见义勇为的先进事迹,在学校和社会各界引起强烈反响,展示了当代青年学生高度的社会责任感和良好的精神风貌,是践行社会主义核心价值观的优秀典范。为表彰他们的先进事迹,学校决定授予"4·16研究生救人群体""道德风尚模范集体"荣誉称号。

希望全校广大青年学生以他们为榜样,学习他们见义勇为、勇于担当的精神,积极践行社会主义核心价值观,争做新时代优秀青年和中华民族传统美德的传承者,在实现中国梦的伟大实践中贡献青春、智慧和力量。

中共中南大学委员会

2015 年 6 月 13 日

### 学校表彰道德风尚模范集体及道德风尚标兵

2015 年 6 月 14 日,学校在校本部国际报告厅召开道德风尚模范集体及道德风尚标兵表彰大会,授予"4.16"研究生救人群体"道德风尚模范集体"荣誉称号,授予秦露露、杨杨、尹琨、秦丹丹等 8 人"道德风尚标兵"荣誉称号。校党委书记高文兵、副校长胡岳华、党委副书记高山,相关党群部门负责人及各二级学院师生代表参加大会。

　　秦露露等8位学子勇于救人的行动,彰显了中华民族的传统美德,展现了当代大学生高度的责任感和良好的精神风貌,是新时期雷锋精神的生动体现,是践行社会主义核心价值观的典范,是当代大学生的光辉榜样。高文兵书记在讲话中充分肯定了中南人的社会担当精神。他说,我校一大批优秀师生支撑起了"中南的脊梁",是学校优良传承的体现,也是学校得以发展的坚强后盾。年轻学子是学校有机体里活跃的细胞,正是这些新鲜血液的不断加入、健康成长,使得学校能够保持着旺盛的生命力和坚实的前进步伐,使得国家与民族充满希望。他希望广大学子,作为当代大学生,不仅要学好专业知识,而且要锤炼品格,融汇科学精神和人文精神、历史传统精神和当代精神、民族精神和世界精神,做出色的中南人。

　　面对时代的感召,面对道德的追问,是舍己为人,救人于危难,还是选择明哲保身?救还是不救,怎样来救?这是有关道德的思考,事关价值的选择。深刻的主题引发广泛的思考,让我们听听老师同学怎么说……

　　商学院老师郑传均:"我救了落水的女孩,人们都问我当时是怎么想的。我就是想着:老吾老,幼吾幼。见到别人的老人或孩子有危险也就是和自己的老人或孩子有危险一样,自然会伸出援手。当然,我也经常在思考,身为班导师,应该如何给学生做表率,那就是需要担当的时候必须担当,需要出手时必须出手。我是经常这样想的,在关键时刻自然就这样做了。"

　　雨中撑伞救人者秦丹丹:"对我而言帮助别人是为了传达感谢,传递温暖。滴水之恩,当涌泉相报。也许不一定是回报给某一个人,但是一定是给需要帮助的人。回首大学四年,母校中南大学,给予我经济上的资助和生活中的关心,国家助学贷款和学校的多项奖助学金资助我完成学业。在脚烫伤的时候,班导师和辅导员老师赶来看望,商学院的爱心酬勤基金为我解燃眉之急。因为这些关怀和帮助,我有了更多的爱心和责任感,也因为受到学校和学院良好氛围的熏陶,使我在看到有人需要帮助的时候没有丝毫的犹豫。"

　　"4·16"研究生救人群体导师徐慧兰:"其实面对危急状况我们的学生做出这样的选择,这与学校平时的教育是分不开的。学校思想政治品德和校风校训教育课堂化、日常化为提升学生思想道德素质和健康素质、促进研究生健康成长成才起到了很好的熏陶、引导和促进作用。应该说，正是基于这样的工作氛围，正是基于这样的成长环境，学生中先进典型才得以不断涌现。"

"4·16"研究生救人团队杨杨："确实是这样，这次救人的事件发生是偶然的，当时的行为是潜意识的反映，我同意老师的说法。长期的教育使我们的心中为人民服务的宗旨早已扎根，解人民之所惑，救人民之所困，已经成为我们心中的信念。每一位中南学子从入学起就在校训'知行合一，经世致用'的熏陶下学习、生活。服务群众，救死扶伤，具有良好的道德情操和文化素养，此为知；助人为乐，奉献爱心，舍身救人，遇到危难不慌不忙，有组织有分工地运用医学专业知识救人，此为行。我们仅仅是做了中南学子该做的事情，见义勇为是我们在危急时刻必然的选择。"

造血干细胞捐献者尹琨："我觉得，我们在任何时候，救人都应该采取理智的方法。当听到我能拯救一个生命时我非常非常激动，比现在都要激动，我当时的第一反应就是：我应该救他！但我对捐献的具体流程完全不了解，这让我有一点小小的犹豫。我的犹豫来自我对救人过程的无知，而这种犹豫也是人出于保护自我的一种本能反应。于是我冷静下来，上网查阅了相关的知识，包括捐献造血干细胞的流程、副作用以及关于捐献的数据统计。经过了解，更加坚定了我的决心！所以我觉得见义勇为既要当机立断，也要冷静沉着，理智救人。"

"4·16"研究生救人团队秦露露："我想见义勇为不是意气用事，要讲究方法。我们团队这一次的成功救人，得益于全体组员专业的救援知识和齐心协作的团队精神。在实施救人的过程中，我们团队的各个成员审时度势，客观冷静分析当时的情况，利用一切可利用的工具，各尽所能，分工合作，既要尽力使自己安全，又要尽力将人救上岸来并及时予以抢救。"

信息院的马梦楠："其实除了具备专业急救知识的医学生以外，社会有关学术团体、政府有关部门、学校有关方面应该对非医学专业的大学生普及一些基本的急救常识和安全常识，以提高溺水、伤病人员的救活率和救人者自身的安全率。"

结合自己的亲身经历，同学与老师说出了自己的切身感受。关于舍己为人的思考不会结束,践行社会主义核心价值观的实践远没有终止。生活中有许多时候没有这样惊心动魄。点滴小事,举手之劳都可以传递温暖,弘扬正能量,贵在行动,重在坚守。亲爱的同学们,面对这样的时刻你会如何选择?如何践行呢?

## 一种文化积淀一种品格

### 中南大学报评论员

尹琨捐献骨髓、秦丹丹雨中撑伞、"4·16"研究生团队勇救落水者,当这一连串事件一个接一个地涌现在人们眼前,激赏称赞者有之,质疑争议者亦有之。激赏称赞者认为这些大学生以善行济天下,用实际行动展现了当代青年的优秀品质和精神风貌。质疑争议者则以"大学生救人算不算个事儿"为辩题,进行生命价值的衡量与估判。

那么,大学生救人到底算不算个事儿?我们说,这绝对是个事儿,而且绝对是个好事儿。这个"好"无关乎身份、无关乎结果,只用于界定"救人"这个事儿。心存善良,外化于行。孟子说:"人性之善也,犹水之就下也。"意思是说,"善"是人的本性。孔子说"据于德""依于仁",则告诉人们,"善"是为人处世应该遵守的基本道德标准。所以,在尹琨看来,捐献这个事儿,"没什么好提的";在秦丹丹看来,雨中撑伞,不过是"举手之劳",那都不过是遵从内心的"平常行为",是每一个有"向善"之心的人都会去做的事。而"救"与"被救"之间最宝贵的,是对每一个生命的尊重与珍惜。

当"救人"这个好事儿前加了"大学生"这个主体时,一方面是将一个有关道德选择的行为演变成了世俗的价值衡量标准,另一方面则反映了社会对于大学生的更高期待和更高的道德要求。

我们知道,人的行为是内在品格的外在表现,有什么样的品格,就会激发人产生不同的行为。品格的养成,一部分源自与生俱来的本性,更多的则来自成长环境的滋养。大学生作为经历了层层严格选拔、接受高等教育培养的优秀人才,本身在承载更多社会期待的同时,也具备回馈社会更高期待的能力。同时,不同的成长环境也赋予他们不一样的品格。

所以,我们看到,公共卫生学院6名研究生,在农妇落水的危险时刻,他们以训练有素的团队协作精神和专业技能,将农妇从死亡线上拉了回来,一改以往救人流血又流泪,甚至牺牲自己的悲剧。这是大学生应该采取的理性救人行为,更是在中南大学"知行合一、经世致用"品格培育下应有的高尚行为。

所以,我们听到,秦丹丹在面对记者的采访和旁人的追问时,一再说是中南大学"知行合一、经世致用"的校训和"向善求真、唯美有容"的中南精神影响了她,是中南大学经常涌现出的道德模范标兵、好人好事感染了她。

在这三起事件发生后,在赞赏与争议中,更多的还是对于三起救人事件都源于中南大学的好奇:为什么这么短的时间内,一个学校涌现出这么多先进事迹?是什么样的学校培养出这样一批品格优秀的学生?

如果说,一种文化积淀一种品格。我们便不难在其中找到以上问题的答案:因为,在中南的土地上,积淀百年的校训"知行合一、经世致用"教导一代又一代学子,内修其身、致用其外;浸润百年的校风"向善、求真、唯美、有容"滋养着每一个中南人。

中南文化积淀中南品格。积淀越久,品格越纯。而每一个中南人就是这种品格的小载体,带着它、传播它,打动人心,温暖四方。

# 第二节　大学生道德模范风采素描

2012年4月至2017年6月,中南大学表彰了四届大学生道德模范。他们的事迹就是在自己的工作、学习和生活中产生的:或助人为乐,或见义勇为,或诚实守信,或敬业奉献,或孝老爱亲……在这些平凡的面容背后,是不平凡的坚持和不平凡的勇毅。他们身上体现了中华民族的优秀品质,反映了我国社会发展进步的时代精神,折射社会主义核心价值观的光芒,是对中南大学"以德育人""立德树人"的诠释。

他们的凡人善举,必将带动更多的凡人善举,化作一条奔腾不息的道德长河,成为中南大学文化主流,成为我们这个时代的文化主流。

**【助人为乐】**

**吕彦泽**(第一届大学生道德模范)

男,汉族,中共党员,湘雅医学院临床 0906 班学生。在学习生活等方面严格要求自己,是一名品学兼优的团支书。

热心慈善公益事业,先后两次向中南大学雏鹰助学金捐款 5300 元用于资助少数民族同学,为汶川地震灾区募集善款 20 余万元,图书近万册。

连续多年参加义务支教活动,长期坚持到敬老院照顾孤寡老人。2010 年获得中南大学芙蓉学子爱心公益奖。

在健身房的刻苦训练和十余年的绘画历程让他领悟:只有平时一点一滴的努力,才能收获成功的果实。就如同助人为乐,只有平时不经意时的小小帮助,才能更好地将爱心传递下去。

**【颁奖词】**他,是首都的孩子,天安门脚下的生活让他从小心怀天下。从汶川地震到北京奥运,从内蒙古支教到接待港澳台学生访问团,从资助身边的同学到雏鹰助学,他尽心竭力所筹的善款有数十万之多,他是一个决心将自己的成长奉献给社会公益事业的好男儿!


**刘强**(第一届大学生道德模范)

男,汉族,共青团员,采矿工程专业 0903 班学生。多次组织志愿者服务活动,关爱社区自闭儿童,积极参与"新长城"爱心宿舍活动。2010 年 6 月,组织申报"中南大学'爱心集结令'德育项目",获得省级立项。

2010 年初至今,组织了多次雷锋岗"爱吧"志愿者活动。作为中南大学雷锋岗队长,从一名普通队员成长起来的志愿者,他用爱滋润着助人为乐、无私奉献种子成长。从义务家教到关爱社区儿童,从雷锋岗亭值班到为孤寡老人送温暖,从"爱心集结令"到"爱吧"志愿者服务。帮助他人,已经成为他生活中的一股动力,一种习惯,一种信仰。他用平凡的举动,演绎出人间的真爱和温暖;他用无悔的青春,践行着当代的雷锋精神。他的行动正化作美妙的音符,奏响一曲和谐友爱的赞歌。

这位来自美丽新疆的小伙,生活简朴,热爱体育,擅长篮球和跑步,同时也把运动带给他的活力和朝气传给了需要帮助的人。

【颁奖词】在工作的每一分钟,他,始终在诠释微笑的秘密,诠释助人的快乐。他时刻准备用实际行动给他人带去关爱和温暖,为校园为社会增添更多的和谐与温馨!他是当代的活雷锋!

### 郭蕾(第一届大学生道德模范)

女,汉族,共青团员,交通设备与信息工程专业1003班学生。"中国义工之家"志愿者。2010年11月,她意识到自己拥有不平凡的RH阴性血型的意义时,立即加入了中华稀有血型公益联盟,同时成为中国稀有血型库、中华骨髓库的志愿捐献者。每当有救援消息到达的时候,她和她的伙伴都会第一时间赶到。

2011年6月5日,第一个响应怀化5岁男孩向喻的求援,并迅速到长沙市血液中心献血,之后积极发起救援,拉开了一场接力救援的序幕。2011年9月30日,受邀参加长沙市血液中心和湖南人民广播电台联合举办的"我为祖国献热血"大型公益活动,用自己的事迹向社会发起呼吁。2011年10月下旬,参与跟进徐州小伙张传福的救援,随团队前往徐州,顺利完成救援行动。

但行好事,莫问前程。她说,人心本善,我想我只是做了作为人的最本能的事情。长期从事公益事业能让人更加纯净,发自内心不求回报的付出更能让人感到快乐。

【颁奖词】一双柔弱的肩膀,扛起了生命的重量,将希望传递。她,一个身上流淌着稀有鲜血的女孩,勇敢地承担起拯救千万等待在病榻上的华夏兄弟姐妹的使命。不求回报地付出,只求快乐地生活,正因为有这样的人,中华浓情才得以传承!

### 谭湘娟(第二届大学生道德模范)

把帮助他人、服务他人作为一种习惯,便是无形中为自己增添了一股不竭之力。

从中南大学雷锋岗的一名普通队员一路成长为雷锋岗的负责人,带领“爱吧”志愿者们定期为空巢老人上门排忧解难,并多次组织捐赠活动,传递爱心,传递正能量。

热情的手,从未停止过善行善举;滚烫的心,一直在从善的旅途上闪耀。

【颁奖词】这是一个有着阳光般笑脸的女孩,她用自己滚烫的心灵,用平凡的举动,用满腔的热情,用细致的关爱,执着地奉献自己的光和热,她就像一支无处不在的火把,温暖着那些贫病孤弱的人。

### 孙照彰(第二届大学生道德模范)

一个人的力量无疑是有限的,但孙照彰懂得:不积跬步,无以致千里。

一个家境并不富裕的普通内蒙古女孩,近年来,一直靠自己获得的奖学金、助学工资以及稿费默默为孤寡老人和残疾儿童捐款捐物。到目前为止,她已累计捐出现金1万元,志愿服务时间超过500小时,看望和陪伴老人儿童

100 多次。

当她看到特殊学校的小朋友用夸张的嘴型对她说出"姐姐，我喜欢你"的时候，她落泪了。坚强的她无法控制自己的泪水，是欣喜，是感动，也是满足。

她庆幸自己做了这么多对的选择——在传递温暖的同时收获了几十倍的幸福。

【颁奖词】她并不富有，却一次次捐钱给更贫困的孤寡老人和残疾儿童，从她坚持不懈的善行中，我们看到她柔弱身躯里的那颗极为柔软的心。她的善良与坚定，给人们心湖投入一颗恻隐的石子，激荡起向善的涟漪。

### 田琦（第三届大学生道德模范）

他来自数学与统计学院。良好的个人修养与出色的交际能力使他成为院团委会常委，他说从小到大自己最大的梦想就是成为一名志愿者。步入中南大学后，他便加入院内的马列青协部门，配合各部门做好各方面的工作，刻苦学习，以雷锋为榜样，踊跃参加志愿者服务活动。2014 年加入圆梦西部公益社团，报名参加了湖南支教队的选拔，并成功通过多种考验，最终如愿支教会宁县。同时，他也是一个环保倡导者，呼吁每一个人都保护环境，他用一颗赤诚的心善待每一个人，他不怕困难，用坚强的内心鼓舞每一个不幸与幸运的人，支教路上，他乐观自信，甘愿为那些怀有梦想的孩子保驾护航。

【颁奖词】不追逐鲜花，只愿做一片绿叶。敬老院活动，学雷锋活动，圆梦西部公益社团，你尽心尽力，会宁县支教，你用真心对待每一个孩子。

**刘菲**（第三届大学生道德模范）

就读于中南大学材料科学与工程学院，在看到这段文字之前，你也许从来不知道这个一直在你我身边默默服务的热心女孩。在校两年时间，她一直在长沙市图书馆、长沙市第一福利院、怡智家园以及校内坚持志愿服务工作。大一期间加入青年志愿者协会，现在为该协会支教部负责人。连续两个学年，她一直担任学生心理联合会宣传部主任，组织参加了各项志愿者服务，不仅如此，她还参加了长沙市图书馆面向全市开展的公益课。现在，她是该活动的负责人。她尽心竭力服务公众，在她身上，体现的不仅是女子的温柔如水，还有一颗如磐石般的火热之心。

【颁奖词】你的足迹遍布校内校外，你的号召引起广泛的回应，你温柔善良，同时又坚硬如铁，你不计回报，不图名利，你是心灵的火炬手。

**潘政**（第四届大学生道德模范）

潘政是中南大学湘雅医学院临床专业 2012 级的一名学生，父母都是医务工作者，家庭环境的熏陶，使他从小对医学充满向往，渴望成为一名救死扶伤的医务工作者。在进入湘雅二医院临床见习后，面对各种疾病痛苦，他更深刻地认识到，自己能做的不仅仅是学习，还可以从小事做起，从点滴做起。正是怀着这样的一颗心，他义无反顾地走进了献血屋。献血是光荣的，但同样也是痛苦的，采集血小板所用的针头格外粗大，穿刺后手臂也会出现大面积瘀青。捐献血小板对献血者的要求也十分严格，每次献血需要将近两小时，经常有献血志愿者因血小板系数不够而无法献血,采完后的血小板必须在规定时间内输送到所需病人体内。这些都没能打消他义务献血的决心,想起每一滴血的作用,他都咬咬牙坚持了下来。从第 1 次到第 17 次,他总共捐献了 34 个治疗单位的血小板,相当于 6800ml 全血,这几乎是一个成年人全身血液的 1.5 倍多,危机时刻可以救助多个生命。在他的影响和带动下,越来越多的同学加入到献血队伍中来。把献血助人作为生活的一部分,用执着坚持践行医者仁心,这就是潘政。

【颁奖词】一滴血体现爱心无限,一袋血产生奇迹无数,6800 毫升血液接续生命永恒。你用一滴滴血液,诠释医者仁心;你用一次次帮助,实践知行合一。

**孙缘珊**（第四届大学生道德模范）

　　孙缘珊是资安院 2014 级的一名学生,入校以来她获得过很多荣誉,其中"优秀志愿者"是她最骄傲的。在志愿服务过程中,尽管有很多辛酸,但她都坚持了下来。三年里,她累计组织参与了 30 余次志愿服务活动,而"善行 100"是最让她感动的一次。山区的孩子们给她寄来手绘画和明信片表示感谢。每当看到这些,她都倍感温暖,更加坚定了志愿服务的脚步。2014 年 9 月,刚进入大学的她就加入了中南大学雷锋岗彩虹桥,成为一名大学生志愿者,开始了她的志愿服务历程。在这以后的三年里,志愿服务成为她大学生活的一个重要组成部分。她先后参与爱心义卖、探望残障儿童、先天心脏病患儿城市见面会、探访江华小学、学长的火炬、"善行 100"等一系列志愿服务活动,并从最初的学雷锋志愿服务参与者变成了组织者。她先后获得湖南省"雷锋式当代大学生"、中南大学"优秀志愿者标兵"等荣誉称号,还成了大爱无疆公益机构的一名"儿童守护者"专业讲师。一路走来,志愿之路从不平坦,但她却甘之如饴,奉献之路从不顺遂,但她却乐此不疲。志相知,愿相随,爱相伴,她将不忘奉献自我的初心,继续着自己的志愿服务之路。

　　【颁奖词】"雷锋岗"是你无私奉献的舞台,"志愿者"是你引以为傲的标签。怀揣真挚的善心,踏实脚底的步子,凝聚奉献的力量! 不忘初心,心向阳光,善行筑梦,梦已芬芳!

### 潘仲傅(第四届大学生道德模范)

　　潘仲傅是软件学院 2015 级学生,大学生活忙碌而充实。凭借自己的勤奋努力,潘仲傅取得了优异的学习成绩,先后获得 11 项学科竞赛奖,1 个国家级创新创业项目立项。在保持优异成绩的同时,他总是努力帮助身边同学,既收获了知识、友谊,更培养了无私奉献、助人为乐的优秀品德。他把自己申请创新创业项目的心得写成文章,上传班级 QQ 群,与大家共同分享;大一上学期,为了帮助同学们复习高数考试,他主动收集整理了 138 套试卷印发给同学;大一下学期,他自己编写了线性代数复习资料,收集整理了离散数学复习笔记,都无私印发给了班上同学;他所在班级成绩在全年级是最好的,挂科人数也是最少的,这与他的付出是分不开的。在帮助班级同学的同时,他还热情帮助学弟学妹。为了帮助他们学习"C＋＋"课程,他编写近 4 万字的学习辅导日志,将所学内容写成博客,整理出了 42 份程序设计竞赛笔记,都无私奉献给了2016 级的学弟学妹们,为他们的学习提供了极大帮助。

　　只有不懈奋斗与奉献,青春才能结出璀璨的果实,这就是潘仲傅的青春抉择!

【颁奖词】你用辛勤付出的汗水,为同学们铺就勤学的道路;用毫无保留的奉献,为同学们点亮理想的明灯。百余套试卷,四万字日志,几十份笔记,是你最珍贵的青春记录。

雷锋岗(第一届大学生道德模范先进集体)

　　雷锋岗成立于 2003 年 3 月,一直以来,以"向雷锋同志学习"为口号,以"帮助他人,升华自我"为理念,以"雷锋天天见"为目标,热情周到地为需要帮助的人提供无偿服务。

　　雷锋岗在校本部门口设有固定的服务台,下设爱吧志愿服务平台。在保证常规工作顺利开展的同时,雷锋岗不断积极开展各种志愿者爱心公益活动,并收到了良好的效果。特别是:在帮助孤寡老人方面开展"点对点·心连心"活动,照顾孤寡老人;建立新长城爱心宿舍,号召和组织全校师生捐款捐物,为广大贫困学子的求学之路铺就希望;在中南大学"爱心集结令"雷锋岗教育实践项目中开展各种志愿服务、公益活动,并不断创新公益活动的开展形式,培养出很多先进典型。

　　在社区,雷锋岗收到了 40 多封来自受助者的感谢信;被学校授予"校明星队伍"的光荣称号;2008 年荣获湖南省第十一届"芙蓉学子·公益爱心奖";2009 年 4 月应邀现场参与"创文明城市网上谈"节目,长沙市市长张剑飞对雷锋岗为长沙市竞选文明城市所做出的贡献给予了高度评价;2011 年 11 月雷锋岗申报"爱心集结令"雷锋岗德育实践项目获得了省级立项。

　　他们,用自己文明助人的行为感染着身边的每一个人,传递着温暖与感动;他们,在平凡中播撒着文明的种子,默默践行着自己的信念与理想;他们,不怕寒风,无惧烈日,总是以微笑面对所有需要帮助的人;他们勤勤恳恳,兢兢业业,十年如一日,在助人为乐的道路上无怨无悔。

他们的行为得到了学校、社会的关注与赞扬,既是鼓励,也是鞭策。他们的爱心和力量已经凝结成一种品质,一种习惯。这一份爱的力量和服务的精神将会演奏出更加祥和的乐章,成为和谐中南的动人旋律!

【颁奖词】它不是一座哨岗,而是一个"爱吧";他们不是整装待发的士兵,而是一群时刻准备着的"红袖标""小红帽"。烈日当头、寒风凛冽,他们始终微笑着迎接每一位需要帮助的路人;点对点,心连心,他们定期上门服务,为孤寡老人排忧解难。他们总是不经意间闯进我们的生活,慷慨地留下微笑与爱心,却悄然离去。十年如一日,他们用习惯践行着爱,用平凡诠释着当代的雷锋精神。

## 失物招领窗(第二届大学生道德模范先进集体)

一块不大的失物招领窗,一群微笑助人的监督岗伙伴,两年时间里,默默为找回失物而奔走、坚守……

无论是烈日当头还是寒风猎猎,他们都急人所急,想人所想:从失物的上交到登记,从挂失咨询到失物认领,他们兢兢业业,每一步都走得踏实从容,因为没有什么能够比帮助同学们找到遗失的校园卡、银行卡、钥匙、手机更能鼓舞人的了。

"赠人玫瑰,手有余香"——在找回失物的同时有所感触,在帮助他人的同时提升自我。他们说,助人之路才刚刚开始,快乐倏忽就来临了。

【颁奖词】它是一个窗口,展示着中南人的助人为乐品质的窗口;它也是一支队伍,队员们坚持"赠人玫瑰,手有余香"的宗旨。他们把助人当成一种习惯,无论严寒酷暑,面带微笑地坚守岗位。他们不求回报,用实际行动践行"我助人,我快乐"的誓言。他们很平凡,在招领窗或是监督岗都有他们坚守的身影;他们又不平凡,是我们生活中的雷锋,也是中南的一道亮丽风景线。

**土木工程学院献血队**(第四届大学生道德模范先进集体)

2017 年 4 月,中南大学土木工程学院衡阳籍学生小明(化名)的父亲意外从四楼坠落,全身多处受伤,导致失血性休克,伤情严重。然而衡阳血库告急,没有与其血型相符的充足血液,情况十分危急。辅导员杨茂林接到小明打来的求助电话,便立即行动,迅速通过 QQ、微信等渠道向同学们发出了求助信息。短短十几分钟,30 多名同学加入到献血队伍中来,自发赶到长沙市中心医院血液中心查验血型,小小的献血室挤满了人。验血需要半个多小时的时间,所有人都焦急地等待着,都迫切希望自己的血型能够符合要求。因为大家都知道,这是一场挽救生命的赛跑!最终,杨佳琦、蓝巧新、黄伟、邱子瞻等 4 位同学和辅导员杨茂林血型符合要求,师生 5 人立即带着验血报告打车前往高铁站,奔赴百里之外的衡阳。他们以最快的速度赶到医院,顾不上一路奔波的劳累就撸起袖子开始献血,当五个热血青年鲜红滚烫的血液注入生命垂危的病人体内时,他们始终悬着的心才放了下来。杨茂林、蓝巧新、黄伟、杨佳琦、邱子瞻,他们用自己的实际行动,诠释了中南学子勇于担当、胸怀大爱的高尚品质!

【颁奖词】点滴奉献,流露着人性深处的朴素善良;细小举动,支撑起中南学子的精神脊梁。众志成城、情动三湘;赤子之心,爱在天涯。

### "天池之翼"团队(第四届大学生道德模范先进集体)

　　"天池之翼"团队是由中南大学软件学院的学生组成的爱心团队。七年来,他们不怕苦不怕累,坚持义务地做着同一件事,照顾身患脑瘫不能独立站立行走的同学——莫天池。为帮助他更好地学习生活,从2010年入学第一天起,大家就自发成立了一支帮扶团队,取名"天池之翼",寓意甘当莫天池的翅膀,与他一起振翅高飞。他们推着他,每天一起上课,一起参加比赛一起参加学术会议,一起参加社团活动,一起做软件项目开发,一起研究课题发表论文,一起看电影,一起筹划毕业旅行。在"天池之翼"团队两千多个日日夜夜的关心帮助下,莫天池的大学生活丰富精彩,他本人先后获得国家奖学金、国家励志奖学金等各类奖学金多达 9 次,并以复试第一名的成绩,保送本校攻读硕士研究生。2014 年,本科的同学毕业了,研究生同学们又接力承担起了"天池之翼"的责任,无论风雨,无论寒暑,从未间断。提及同学们的帮助,莫天池激动地说道:"在大家的关怀和帮助下,我不仅克服了身体上的障碍,更收获了满满的感动和前行的动力。我所取得的成绩都镌刻着大家的汗水,在这里真诚地向大家说声'谢谢'。"为别人点一盏灯,照亮别人,也照亮了自己。"天池之翼"团队成员在帮助莫天池的同时,自身也获得了成长,他们中很多人都取得了优异成绩。有爱的团队必定有力量,怀揣着这份助人为乐的博大情怀,他们的人生之路将越走越宽广!

【颁奖词】菁菁校园,爱心无限;求学路上,奉献为美。以心之魂体之魄接力,用行动振奋天池之翼;以同窗情朋友爱温暖天池,用真情托起天池梦想;你们用向上向善的力量,奏出最美的青春音符。

## 【孝老爱亲】

**宗传鑫**(第一届大学生道德模范)

男,中共党员,冶金工程专业 0807 班学生。自 2008 年 9 月进入中南大学以来,多次获校级奖学金,先后担任过班长、年级长、学院学生会部长、主席,校学生会副主席等职务,累计获得各种荣誉 20 余项(次)。同时,积极利用课余时间进行志愿服务,在校园里倡导起"爱老、敬老、学老"的良好风尚。他用自己的实际行动践行着"爱老、敬老、学老"的誓言。在他心里,爱老是光荣,敬老是本分,学老是责任。

2011 年 6 月,在橘子洲头成功举办了"立志实践成才,共建美好长沙"岳麓区青年学生与"五老"面对面心连心活动,展示了当代大学生的时代风貌,影响广泛。

【颁奖词】他十二岁开始操持家务,下地干农活,十多年来用稚嫩的肩膀为体弱多病的父母撑起了一片天。如今,沂蒙山下的懂事男孩已经成长为一个爱老、敬老、学老的成熟青年。他是"五老"们的忘年交!

### 李帅(第一届大学生道德模范)

男,汉族,共青团员,采矿工程采岩专业0802班学生。来自河南一个农村家庭,是志愿者的优秀代表,被誉为默默奉献服务社会的活雷锋。

2006年5月,父亲去世,爷爷患食道癌,17岁的他面临着高考和照顾病人的双重压力,他和妈妈扛起了这个家。

2008年9月,他走进中南大学,成了一名志愿者,负责照顾校本部西苑桃花村的孤寡老人邹慧媛奶奶,从未间断,直至老人因病去世。他用自己的行动,给邹奶奶带去了无微不至的关怀。从宿舍到奶奶家这一段将近50分钟的路,一走就是四年,累计志愿服务时间700多个小时。他用他的行动践行着:老吾老以及人之老,孝无价,爱无疆。

【颁奖词】祖孙二人,不管是否血脉相承,温馨中总是流淌着真情。他,与善良为友,以善为本,以孝为先,将孝心融进生命的血液,在磨难中永远挺立大爱的脊梁!

### 梅楚璇(第一届大学生道德模范)

女,汉族,共青团员,信息科学与工程学院智能科学与技术专业1001班学生,湖北襄阳人。长期坚持利用课余时间到敬老院进行志愿服务。

2011年12月9日下午,梅楚璇在南校区遇到一位老爷爷,发现他总和过路人搭讪,又好像是在自言自语。热心的她主动上前同老人交谈,发现老人的思维意识不清楚,便把老人送到岳麓派出所,而后得知老人和家人走散,并患有轻微的老年痴呆,派出所已接到老人的家人报案。梅楚璇的热心主动使警方能够及时迅速地通知其家人,保证了老人安全回到家中。

她不顾社会"不要碰老人"的自保言论,用自己一颗善良的心,让迷路的老人找到自己的亲人。

【颁奖词】一次偶遇,只因她爱老的善心,一个失散的无助老人得以回家。她,一个拥有孝与善心的女孩,在"搀扶"老人成为社会禁忌时,勇敢地亲近老人,照顾老人,真正做到了老吾老以及人之老,使老有所终,安享晚年。

王琮凯(第二届大学生道德模范)

不得乎亲,不可以为人;不顺乎亲,不可以为子。

当父亲患白血病住进医院时,王琮凯衣不解带,亲侍汤药,一个人默默承受,默默祈祷。为了做骨髓移植,每天除了正常学习,王琮凯一直坚持锻炼身体,为捐献做准备。

手术有惊无险,父亲的康复情况也很好,王琮凯这才松了一口气。父母的健康是儿女一生的惦念和牵挂。

"尽管现在,我还没法在经济上给予帮助,但我可以做我力所能及的事。"王琮凯这样说,也确实这样义无反顾地做了。

【颁奖词】在别人为幸福加上各种前提时,他觉得只是听听父母的声音就足够幸福了。他是一个真正的男子汉,所以能把父亲从病魔手中夺回,能为父母撑起一片天,他的心愿很小,却也很大,那就是"愿天下父母,平安度春秋"。

**亓甲朋**(第二届大学生道德模范)

面对因患病而失去劳动力的双亲,亓甲朋不吭一声,从此承担起家庭责任;大学里一边做兼职赚取生活费,一边利用奖学金为父母治病买药。

在他看来,自己所做的一切都是应该的。不仅如此,他还积极投身公益。三次带队前往湘西进行义务支教,数十次策划组织敬老院敬老活动,并与全国首届道德模范杨怀保共创中南大学忠孝文化践行协会,开展形式多样的敬老爱老公益活动。

孝老爱亲的路途纵使荆棘满布,也无法阻挡一颗永远坚韧、永远进取的公益之心。

【颁奖词】他用自己一个人的肩膀,承担起家庭重担,践行着敬老爱亲的传统美德。他推己及人,用爱心的春风,温暖着贫困留守儿童和空巢老人。在他身上,我们看到"只要人人都献出一点爱,世界将变成美好的人间。"

**肖亚敏**(第三届大学生道德模范)

共青团员,物理与电子学院电科专业 1204 班学生,中南大学青协敬老爱幼部空巢队队长。2013 年 1 月至 4 月,肖亚敏坚持为骑车摔倒的朱爷爷送饭送药,换洗脏衣服,并极力劝说不想住院的朱爷爷入院治疗。朱爷爷出院后,肖亚敏又克服困难为爷爷联系到了月亮岛敬老院。两年多的时间,肖亚敏坚持着敬老爱幼的志愿服务活动,并且利用课余时间为孤寡老人送去温暖。

【颁奖词】怀着满满的爱心与虔诚,你用缕缕阳光驱散了空巢老人心中的阴霾。仁爱孝亲,你始终履行着心中的诺言。矢志不渝,爱是你最大的坚守。当厚爱升华为责任,你已成为所有人心中的榜样。

**徐雪杰**(第三届大学生道德模范)

中共党员,机电工程学院机械专业1308班学生,彩虹桥校园公益团体志愿者。大一大二两年时间里,徐雪杰积极利用课余时间为老人们进行志愿服务。他曾多次荣获"优秀志愿者""优秀志愿者标兵""勤工助学先进个人"等称号,并且先后策划、参与了多项校级关爱老人的公益项目活动,同时获得了校级与省级的项目立项和优秀项目奖。

【颁奖词】敬老爱亲,你在路上,点滴小事被你用心做出了满分的温暖。爷爷奶奶那一句"我把你当自己的孩子"是世间最动人的话语。如果爱像彩虹一样,那你就是最沁人心脾的蓝色。温柔又坚毅,你以仁爱凝固成热泪,重重滴入每个人的心。

**陈勇健**（第四届大学生道德模范）

　　陈勇健是湘雅医学院临床医学八年制 2011 级的一名学生。他求实进取、学习专注，有着一颗强烈的医者仁心。

　　2016 年 10 月 20 日中午，陈勇健像往常一样从学校出发回家，经过公交车站时，见不远处围着一群人，走近一看发现是一位老人突发疾病倒地，地上流了一滩血，但是现场围观群众无人敢上前施救。陈勇健见状毫不犹豫冲了过去，根据所学急救知识进行施救，帮助老人止血。在陈勇健的救治下，老人慢慢恢复了意识。他又赶紧拨打急救电话、联系老人的家属，并安抚陪伴老人直到救护车赶到。事后经过诊断，老人是由于心脑血管疾病导致晕厥跌倒，致头部受伤，若不是陈勇健及时救助，后果不堪设想。

　　类似这种救助他人的事对陈勇健来说并非第一次。2014 年 6 月，湖南邵阳隆回县一对兄妹被严重烧伤的新闻，引起了陈勇健的注意。他毅然放弃暑期休假，主动请缨到湘雅医院参与救治，并从自己拮据的生活费中捐出 200 元。在治疗过程中，陈勇健主动承担了艰苦的换药工作。由于患者烧伤面积大、感染严重，需要清理脓液，每换一次药就需要 4 个小时，每次都是汗如雨下、腰酸背疼，这对一个医学生的身心和体力都是极大的考验。然而，陈勇健坚持了下来，对患者病情的好转起到了重要作用。无论是路遇危险的挺身而出，还是医院病房的无微不至，陈勇健说"他只是做了一名湘雅人该做的事"。

【颁奖词】公勇勤慎,诚爱谦廉。校园里,你厚积薄发,挥斥方道;校园外,你铁肩挑仁义,妙手唤春回。君子仁义,医者仁心,百年湘雅,你站成了一道亮丽的风景。

## 爱吧志愿者(第二届大学生道德模范先进集体)

没有人是一座孤岛,爱吧志愿者组织十一年如一日,用爱唤醒爱,以快乐传递快乐。

个人的力量是微不足道的,但凝聚在爱吧里,做到的却是无法计量的:组织收集和募捐爱心衣物千余件;深入社区与孤寡老人共度重阳中秋;关爱特殊儿童义务家教;时刻关心流浪汉送去包裹;用于贫困资助的"爱吧"基金成立;"爱心中转站"荣获奥图泰创意奖……

念念不忘,必有回响。爱吧的服务和爱心收到了40余封受助者的感谢信,受到多家媒体记者的报道,得到了学校和社会的一致好评。

奉献爱心,每个人都十指相扣;传承延续,每个人都义不容辞。我们相信,爱吧正在成为中南大学的一块文明招牌,也将成为社会的一道亮丽的风景线。

【颁奖词】有那么一群人,他们把自己的目光从书本转向社会,投向空巢老人,特殊儿童,流浪人群,他们不在乎血脉上是不是相承,因为在他们心中,所有人都是一家人,所以应该让孤弱贫幼的人感受到社会大家庭的温暖。他们为爱代言,为善奔波,有着赤子之心,有着锲而不舍、持之以恒的意志,有着让世界充满爱的信念。他们就像是即将燎原的点点星火,奋力驱散社会的黑暗与冰冷。

"中国金"守护者（第四届大学生道德模范先进集体）

　　"中国金"守护者团队来自材料科学与工程学院，他们全部是金展鹏院士的学生，从1998年金院士突然患病而致高位截瘫起，他们义无反顾承担起了照顾老师的重任。"只要有一个脑袋存在，就要思考和创造"，这是金院士的坚守和执着，可对他而言继续潜心科研、教书育人绝非易事。从那时起，学生们成为金院士最坚实的臂膀、最贴心的"守护者"。每天上午，学生们都会推着金院士来到办公室，帮他打字、翻书、念论文、回复邮件，每隔一段时间进行按摩。在金院士病情加重时，大家轮流在医院陪护，帮着做检查、取药、按摩四肢、翻身擦洗，无微不至、任劳任怨。为了更好地照顾老师，大家制定了详细的值班表，写下陪护日记，记录注意事项，并主动向医护人员学习护理知识。十九年时光流转，一届一届学生寒来暑往、接力前行，践行着对老师最深沉的爱。学生们的陪伴温暖着金老师，金老师的不懈坚持也激励着学生们奋力向前。十九年间，大家不仅悉心照顾老师，更在自己的科研道路上刻苦努力，"中国金"守护者的足迹遍布世界17个国家，活跃在材料科学的国际前沿。

　　【颁奖词】大爱无疆聚作火，大音希声凝成爱。是你们的辛勤付出，光明了老师的智慧之眼；是你们的爱心奉献，延伸了老师的奋斗之路。十九年情深义重,六千个日夜守候,学子意拳拳,桃李情满满。"中国金"守护者,为你们点赞。

## 【自强不息】

**滕明英**(第一届大学生道德模范)

女,苗族,共青团员,计算机科学与技术专业1004班学生,长沙人。8岁那年她被确诊患上进行性骨化性肌炎,在医学理论上只有五六年生命。如今滕明英已年满二十,湘雅医院骨科专家周江南曾感慨:"她成了医学界的一个奇迹。"

随着年龄的增长,明英的病情日益恶化。现在的她需要从牙缝进食,手脚都不能弯曲,只能站在书桌旁写字看书,时间久了,脚就会变得僵硬,但无论寒暑,她都坚持去上课、去学习,身残志坚是她的真实写照。

她很特殊,特殊到不能像我们一样自由奔跑在绿茵道上;她很普通,普通到那小小的胸怀里也藏着同我们一样绚丽的梦想;她并不高大,但她的坚毅足以让我们感动和敬畏。历经风雨,又现彩虹,微笑面对顽疾,让命运俯首称臣!

她母亲说:每天五点半,我将女儿扶起,帮她穿衣、洗脸、穿鞋,洗漱完毕便到客厅吃饭,只能用勺子从牙缝'灌'进去,这个工作实施起来有点吃力,可是女儿只吃一点,就说自己饱了,让爸爸送她上学,其实她根本没吃饱,只是怕上课迟到,自从牙床摔坏后,吃不进东西,女儿是越来越瘦,现在已经是皮包骨了。

每天从家到新校区上课都需要花上40~50分钟,不管晴天还是雨天,不管是39度的高温,还是零度的冬天都坚持去上课。她是乐天派,经受着疾病的折磨,却笑颜面对,似乎所有困难见了她都绕道而行,她乐观坚强,积极向上,学习异常刻苦,从不落下一门功课。

57

"路漫漫其修远兮,吾将上下而求索",这是她的座右铭。她没有被困难所吓倒,以乐观坚强,积极向上的生活态度影响着周围的人。

一只只栩栩如生的纸鹤在她柔弱的指间诞生,一张张方形的碎花纸叠成了心形的艺术品,承载着她对老师和同学的浓浓情意。

【颁奖词】你是上帝多咬了一口的苹果,但是你把命运牢牢地握在自己的手中,与坎坷的命运抗争,笑对人生。你,是最美的天使。

**伏伟鹏**(第一届大学生道德模范)

男,汉族,共青团员,现为交通运输工程学院1106班学生。2009年入学两个月后,被查出患上了急性白血病,在学校及社会各界的帮助下,伏伟鹏成功接受了骨髓移植手术。2010年8月,伏伟鹏顺利出院并返回家中进行恢复调养。在家期间,他积极从事家教兼职,分担家庭负担。2011年9月,伏伟鹏顺利返校。

病魔缠身,每一秒都在抗争;动魄惊魂,每一次却都说要坚强;生死考验,每一步却都在全力奔跑。两次转院,五次化疗,数次骨穿,他咬紧牙关,微笑面对,这是一种从骨子里不服输的坚强,这是一种从内心深处所迸发的自强。他用努力向命运求索自己的色彩,用自信和乐观的画笔,在自己的画卷上泼洒出传奇的笔墨,诠释自强不息的生命意义。

【颁奖词】这是一场命运的马拉松,是一条在他人眼里看不到希望的路。但他,用自己坚强的毅力与病魔抗战到底。他,是真正的强者。

**向美玲**(第二届大学生道德模范)

生命必须有裂缝,阳光才照得进来。父母的离异,祖母、养父的去世都不是她软弱妥协的借口;她以自身实际向人们诉说着"自强"的真谛。

学习成绩名列前茅，多次获得各种奖学金；班级、学院工作开展得有条不紊；业余时间兼职舞蹈老师实现经济独立；参加数次实习并被评为优秀实习生；创新创业项目不甘人后；多次前往贫困地区支教参加公益活动……

无疑，向美玲是出色耀眼的。但倘若我们抹开这些光环的笼罩，不难发现她额角细碎的汗珠。硕果累累从来不是一夕练就，自强不息才是通往胜利的不二法门。

【颁奖词】挫折中，她从不言败；困难面前，她永不服输；面对生活中的种种不幸，她总是回以坚强的笑容，跨越前进道路上的沟沟坎坎。她全面发展，多才多艺，笑着把前方风雨化为炫目的彩虹！

### 莫天池(第二届大学生道德模范)

不知道你有没有抱怨过命运的不公，也不知道你怎样蹙眉忍受那席卷而来的痛楚，更不知道在这样连活着都是艰难的情况下，你是如何追寻梦想的足音。

重度残疾、终生不能行走、说话障碍、行动困难……连日常生活中最平常的书写，对你而言都是每分每秒必须克服的阻碍。

可即使这样，你也没有停下或者放慢脚步，而是在轮椅上，用接踵而来的喜讯和肯定击碎了外界狐疑的目光：专业成绩稳居前列，免试攻读硕士研究生；多个大学生创新项目的完成，多篇重量级论文的发表；还有各种奖学金、荣誉称号……

自强不息，真正了解莫天池的人，才会清楚这四个字的分量，究竟有多重。

【颁奖词】上帝为他设置了许多前行的障碍，反而让他学会了坚强、学会了乐观。他坐在轮椅上，梦想却飞得比普通人更高更远。他用痉挛的手指，在自己人生的画板上,绘出锦绣未来。

**王名扬**(第三届大学生道德模范)

王名扬,航空航天学院专业第一国家励志奖学金获得者。一如提笔落纸的那份从容,一如学海泛舟的那场竞逐。父亲的意外去世,家庭的沉重负担,让他更坚定地在荆棘中前行! 愿做一枚白昼的月亮,不求炫目的荣华,不随世俗的波澜。当面对数理难题,他迎刃有余,斩获数学竞赛一等奖;当承担家庭重担,他当仁不让,做起勤工助学的工作。漫漫征途,他是夸父在日影下的无穷映射;铿锵命运,他是贝多芬在琴键上的有力音符。

【颁奖词】一支笔,一张纸,你追逐的是学业的精益求精。一块表,一份工,你承担的是家庭的责任。竞赛的那些奖状越来越多,照见现实,照见你的梦。你的青春是一轮明月,要把坚强映在微光下。

**梁月英**(第三届大学生道德模范)

她从大山中走来,带着遥远的希冀,却一步步接近现实的炽热。年迈体弱的父母,辍学打工的妹妹,身有残疾的哥哥,生活的不幸并没有消磨她坚强乐观的意志。在酒店当服务生,在新东方当英语助教,她以永不放弃的态度取得学业和事业的双赢。大学期间,她做家教、发传单。寒暑假从来没有一天清闲。在校运会、演讲赛上,她风采尽显,取得优异成绩。从大山到中南,从贫困到自足,她用行动证明了百善孝为先,她用坚持传承着自强不息的信念。

【颁奖词】四季更迭,你坚持的笑容从未改变。每一份兼职,都是对自我的肯定;每一次参与,都是内心炽热的诉求。你要让自己做那闪耀的星辰,小小的肩膀承担起生活的重担,你是奔跑的逐梦人。

**余楚强**(第三届大学生道德模范)

楚才当自强,生命耀此刻。数统院应用数学专业余楚强,先天性成骨不全,需要常年坐在轮椅上,承受数倍于常人的痛苦,他却没有把这些作为逃避的借口,而是努力去抗争,去面对,立志要克服这些困难,活出自己的精彩。仅仅上过一年高中的他凭自己的不懈努力考上中南。在校期间虽然因伤病没有上过几节课,但学习成绩一直名列前茅。仿佛他的生命中有一种能量,可以置病痛于不顾。相信苦尽甘来,阳光乐观的他,命运终会眷顾。

【颁奖词】如天观世,纵有不完美的身体亦能定格太阳下的笔挺,你在经历三次大手术和无数次接骨再生后依然微笑着成长,没有逃避,没有放弃,倔强如你。生命不息,奋斗不止,在梦想之路上,你是当之无愧的强者。

**吴步晨**（第四届大学生道德模范）

　　吴步晨是中南大学土木工程学院 2013 级的一名学生。从十一岁开始，他瘦弱的肩膀就独自挑起了照顾母亲的重担。由于脑膜瘤压迫视神经时间过长，吴妈妈双目失明，失去了劳动能力，生活也无法完全自理。面对生活的变故，吴步晨没有退缩，他一边悉心照料深陷黑暗和痛苦中的母亲，一边倍加勤奋努力学习，克服了同龄人难以想象的重重困难。2013 年，吴步晨以优异成绩考入中南大学土木工程学院。美好的大学生活令人憧憬，可母亲怎么办？想起与母亲一路风雨艰辛，他下定决心再苦再难，也要带着母亲一起读书。2013 年 9 月，吴步晨带着母亲从安徽巢湖来到湖南长沙，开启了不一样的大学生活。入学后，学校领导老师都给予了极大的关心帮助，他将这些无私帮助深深印刻在脑海里，并化为前行的动力。四年里，他每天洗衣、做饭，精心侍奉母亲的饮食，陪母亲散步聊天，买来二手收音机、电视机帮母亲打发寂寞。为了改善母亲生活，他四处辗转做家教，最多时要同时做三份家教。母亲的病时常发作，他就不停地在学校和医院之间来回奔波。然而，生活的艰辛没能阻挡他前行的脚步，无论再苦再难，他总能挤出时间学习，先后获得各类国家级、校级奖学金和荣誉称号，在物理、化学、数学、测绘等多个学科竞赛中获奖，并以优异成绩保研哈尔滨工业大学。

**【颁奖词】**自立自强,你稚嫩双肩扛起家庭重担;赤子柔情,你扇枕温席托起母亲生活希望。生活困难重重,而你斗志熊熊;远方希望无限,因你至孝至爱!

**兰恭发**(第四届大学生道德模范)

兰恭发是中南大学建筑与艺术学院视觉传达设计专业 2014 级学生,虽然出生在一个贫寒的农村家庭,但却始终没有放弃对梦想的执着追求。在校期间他自立自强,为了挣取生活费,做过推销、卖过保险箱、摆过地摊。大一时期,便开始投身创业,结合所学专业,专注于文化创意工作,先后创办了长沙艺栖文化传媒有限公司、湖南恋盏茶业有限公司。他创办的艺栖文化传媒有限公司,从最初仅立足校园文创服务师生,一步步发展到开发湖湘文化做文创,公司不断发展壮大。这期间,他倾注了大量心血,几乎走访了长沙市全部的非遗传承人,推出文创设计稿上万张,开发出 30 多种文创产品,线下代售点扩展到 30 多家。他响应国家精准扶贫政策,将文创与茶文化相结合,成立了湖南恋盏茶业有限公司,经过多次调研和尝试,成功推出了第一款产品,获得了初步成功。兰恭发常说"梦想是心中的动力和牵挂,只要坚持不懈,就一定能成为现实"。正是怀揣着这份坚持,他的青春才充满精彩。

【颁奖词】你脚踏实地一路走来,有辛酸,有挫折,更有不屈不挠的勇气和执着;怀抱梦想,艰苦创业;不忘初心,砥砺前行;你的青春充满力量!

### 【诚实守信】

**孟凡然**(第一届大学生道德模范)

男,汉族,中共党员,粉末冶金研究院0901班学生。2011年由于拾物不昧受到全院通报表彰;大一学年加权成绩专业排名第三,大二学年加权成绩专业排名第四;获得过军训先进个人、优秀团员等荣誉称号,获得国家励志奖学金,校一等奖学金2次,新华联B类助学金1次,新华联A类助学金1次,粉冶院菁华杯征文比赛二等奖等;获得国家创新性实验校级立项1次,国家级立项1次。

孟凡然,有着农家子弟的朴实,有着沂蒙老区的坚毅,更有着中南学子的自强不息。虽身处平凡,但精神超然,诚实守信的理念已深深地扎根在这个山东小伙的心中,用诚心善待人,以信心感染人,他是诚实守信的践行者。

信息院副教授胡燕瑜说:去年他在新校区拾到我的公文包之后在最短的时间纹丝不动地送还,里面有我很重要的东西,真的很感谢他。

【颁奖词】他,拾金不昧,不求回报。他,自主创业,不卖黑心板栗,不挣黑心钱!不贪便宜,只为一颗诚心;货真价实,亦为一颗诚心。诚则信立,信则人达,他,是个"诚信达人"。

**杨鑫山**(第一届大学生道德模范)

男,汉族,中共党员,公共管理学院行政专业0901班学生。2011年暑假留校期间在二办公楼捡到一个钱包,经过多方联系,将原物归还给失主罗同学,并婉言拒绝了失主的谢意。入学以来,他担任过多项学生干部,对人以诚相

待,对工作恪尽职守。大一担任班级学习委员期间,尽己所能为班级办实事,在推选入党积极分子时以高票当选。大三时担任班长,在同学们的期待和共同努力下,兑现了自己在竞选班长时的承诺,所在班级成功申报为校先进班集体。

他来自雁门关外的塞北小邑——山西朔州,他在浸染着"诚实处世、信守承诺"的黄土高原长大,捡拾失物,他诚实不昧,微笑是给他最大的回报;为人处世,他以诚相待,"言必信、行必果"是他的人生信条。

【颁奖词】捡到财物,他将心比心,诚实不昧,如数归还。对待工作,他认真履职,不负众望;对待他人,他以诚相待,信守承诺。小小善行持之以恒,亦可带来细水长流的感动;满满诚心季路一言,定会是成长路上的方向标。

**韩辉**(第二届大学生道德模范)

当守信变成一种习惯,"一言许人,千金不易"便不再难上加难;当诚实变成一种信仰,"小信诚则大信立"便不再遥遥无期。

参加活动从未迟到缺席、耐心劝告周围人准时准点、及时上交捡到的钱财、诚信考试诚信做人……韩辉的一举一动都在践行着诚实守信这个传统的中华美德。

或许,只有累年累月的坚持,才能把诚信点亮成一盏微灯。但只要火焰还在,中南人必将继续高擎之,传承之,岁月打磨后,微灯也会屹立为不灭的灯塔。

【颁奖词】诚为标杆,信是准则,他时刻守着诚信这一中华民族传统美德。他用实际行动诠释着"君子爱财,取之有道"的含义。他拾金不昧,他拾起的不仅是钱,也是一个大学生应有的社会责任感。

**夏本**(第二届大学生道德模范)

诚者,天之道也;思诚者,人之道也。

他叫夏本,人如其名,有着夏天般的助人热情,又兼具诚而不受惠的赤子本心。

2014年1月14日晚,他在乘坐出租车时发现了车上遗落的女包后,保留出租车上遗留的财物,及时联系失主,并成功归还,事后拒绝接受酬金,更是难能可贵。

捡拾贵重女包,他不为所动,一心想着完璧归赵;失主重酬答谢,他婉言谢绝,不宝金玉而重诚信。

小胜在智,大胜在德。拾金不昧的行为难以勾勒他的金色心灵,朴实之举更难诠释中南学子的高风亮节!

【颁奖词】他不宝金钱,而以诚信为宝。他用诚实显示出自己高度自重和内心的尊严感。他用如泉水般的诚信,洗尽贪欲,洗尽诱惑,留下纯洁的良心,那是对中华五千年文明的致敬。

## 【见义勇为】

**周昌**(第一届大学生道德模范)

男,土家族,共青团员,地球科学与信息物理学院地质工程试验班1101班学生,湘西人。

他家境贫寒,但一直勤奋努力,刻苦认真。高中时曾当选湘西自治州"三好学生",多次获"校三好学生""校优秀学生干部"称号。

2011 年 10 月 25 日早 6 点半,周昌像往常一样,来到南校区荷花池中央亭子晨读。这时他看到一个女子,从荷花池西南角入口下来。约莫过了 5 分钟,他忽然听到一声大喊,就看到此女翻过护栏跳入池塘。周昌见状,随即跳入池塘,游到女子身边,拉住她,并向岸边靠拢。上岸后,周昌不顾气温已低,自己浑身湿透,立刻把她背至七食堂休息。随后他迅速联系了同班女生,一起把落水女子送到寝室,为该女子提供干净衣物,并安抚其情绪。事后,面对媒体的采访

和赞扬,周昌仍显稚嫩的脸上露出了腼腆的笑容。周昌说:"看见有人落水,施救是顺理成章的事。不为什么,也不图什么。"

这就是周昌,爱学习,爱读书,也爱帮助他人。在校园小径上,也许你会错过这个朴实而简单的土家族少年,在清晨的荷花池边,也许你又会碰到这个手持书卷,热爱生命,热爱生活的男孩。

【颁奖词】千钧一发之际,他义无反顾地跳入水中,救起了轻生的少女。他是真正的勇者,却固守自己的平凡,因为在他心里,人人都是勇者。

张艳惠(第一届大学生道德模范)

女,汉族,外国语学院英语专业 1006 班学生,是该院授予的"优秀共青团员"。

2010 年 12 月 20 日早上,她在去往新校区上课的路上,见一中年男子尾随在一名女同学的后面,但他走了不到十米的距离就转身往回走,警觉的她立马追赶上该女生,询问她是否丢了东西,这名女生检查后发现自己的手机丢了。当时那名男子还未走远,该女生便上前很礼貌向他要回手机。张艳惠担心男子拒绝,就赶上前帮该女生。但是她的行为惹怒了那名男子,不仅挨了重重一

耳光,还被他狠狠地踢了几脚。对方甚至拿出弹簧刀对其进行恐吓,她并未退缩,一直坚守,等人相助,直到一男子出手制止。

她是危难中挺身而出的英雄,她是正义的捍卫者,是勇气和智慧的化身,她用她的行动证明了正义永远不会向恶势力低头!因为她的存在,中南又多了一分正义,多了一分勇敢。

【颁奖词】她,一个瘦弱的身躯,敢于"路见不平、拔刀相助"。面对暴力与威胁,她镇定自若,毫不后悔。是内心的善良,骨子里的勇气,让她的身上闪烁着圣洁的光芒。

### 谢继高、丁贞祥(第二届大学生道德模范)

2014年3月13日上午,谢继高与丁贞祥两人在学校门口的小吃店里发现有小偷偷了一女生的手机。

胸中的浩然之气不减,正义之火不灭,他们拒绝转身,拒绝旁观,毅然上前扭送小偷至学校保卫处,并配合公安部门将其送往派出所录口供以及取证。

他们用实际行动诠释着当代大学生的担当:勇于承担起肩上的责任,无所顾忌,无所叹息,众志成城,正能量总会刺穿黎明前的黑夜,无处不照。

【颁奖词】他们,在同学中并不耀眼,可是在发现小偷时,他们绝对是顶天立地的英雄汉子,用坚定的选择,维护了人间正义。他们身上满满的正能量,更是对民族正气的弘扬。在他们身上,我们看到了见义勇为的崇高境界。

**彭敏、林森、方特**（第二届大学生道德模范）

危机时分是谁不顾安危勇救人？
生死关头是谁健步飞驰赴冷水？——
彭敏，21 岁的年轻小伙，用奋力一跃挽
救了落水儿童的性命，却忘记了自己原
是不会游泳的那一个。

对于孩子家长的道谢，彭敏与帮
着救人的林森、方特同学表示，仅仅
做了自己应该做的事情，未留任何信
息悄然离开。

他们用青春传承了见义勇为，用无畏谱写了英雄的赞歌。

【颁奖词】冰冷的湖水即将吞噬一条鲜活的生命，是他们，在危险面前挺身
而出，一身凛然正气成功逼退了死神，功成身退，没有留下任何信息，他转身离
去的背影如此高大，那是中华民族的精神高度。

**蔡志东、景青绿**（第三届大学生道德模范）

2015 年 11 月 26 日晚八点左右，巡逻队员景青绿、蔡志东途经本部观云
池，发现一男子落水并且在水中剧烈挣扎。他们一边高声求助，一边冷静思考
如何救人。周围没有施救的工具。他们迅速脱下身上的衣服，并在路人的协
助下救下了落水者。

【颁奖词】那一夜,观云池中惊闹一阵,他们英雄本色尽显,奋力救下落水男子。他们是蔡志东和景青绿。危机时刻,他们毫不畏惧,无所顾忌;生死关头,他们审时度势,理智应对。他们的行为,发自内心,真正地体现了勇于担当,乐于奉献的精神。

### 南五舍"328"宿舍(第三届大学生道德模范)

2015年6月16日早上九点左右,正在阳台打扫卫生的吕金阳同学发现二楼的阳台冒出了黑烟,马上意识到发生了火灾,他立即通知室友谭道猛、李良宇。三人分工协作,通知宿管,疏散同学,及时报警,齐心协力将损失降到了最低。随后消防官兵展开了灭火工作,火势得到了控制。

【颁奖词】他们来自不同的地方,在南五舍"328"相聚。烈火熊熊,他们不惧危险,挑起救火重任,他们是土木工程学院的吕金阳、谭道猛、李良宇同学。危急时刻,沉着冷静,分工配合,将集体损失降到最低。他们用行动诠释了什么叫"集体利益至上",彰显大丈夫气度。

### 狄成金(第三届大学生道德模范)

就读于信息科学与工程学院,担任测控 1403 班班长。2015 年 8 月 23 日,在宁夏中卫市体育馆旁边,正在湖边散步的狄成金看到两名孩子不慎溺水,在冷静分析实际情况后,他脱去衣物,纵身跳入湖中,奋力救下两名儿童,确认无大碍后,他嘱咐两名孩子立刻回家,待孩子远去,他才穿好衣服离开。

【颁奖词】冰冷的湖水即将吞噬两条弱小的生命,是他,紧急时刻挺身而出。正气凛然逼退死神,他是狄成金。他以自己的实际行动传递着正能量,他是真正的"中南担当"。

## 丁舒华、杨柳(第四届大学生道德模范)

杨柳和丁舒华是中南大学信息科学与工程学院通信工程 2015 级学生,同住一间寝室,走在人群中,她们是那样的柔弱文静,然而在内心深处却充满着热血正义、满腔胆识与睿智机变。

2017 年 4 月一天,大一时的舍友小邓在 QQ 上发表的说说状态引起了杨柳、丁舒华的注意。小邓在说说里介绍了自己和同学被外来人员以校园兼职为名诈骗 1600 多元的经过,还附上了与骗子的聊天记录、假合同、骗子的工作证照片等。没过多久,一天晚上 9 点钟左右,一个学生打扮的女子敲响了杨柳与丁舒华寝室的门,并向她们推荐校园兼职。她们想到小邓被骗的经历,便立即拒绝了,该女子见状准备离开。杨柳、丁舒华本能地警觉起来,两人再次看了小邓发的骗子照片,确认是同一人。为了不让其他同学受骗,二人计划要让骗子"显出原形"。一方面,杨柳假装与其攀谈拖延时间,另一方面丁舒华联系辅导员、楼管,报告学校保卫处,并报了警。终于,在二人的通力配合下,骗子被成功抓获;她们又积极动员被骗同学小邓协助调查,最终成功追回被骗的1671元,挽回了损失。

【颁奖词】铁肩担道义,侠骨见柔情。维护校园安全,你们义不容辞;面对困难危险,你们智勇双全。巧施妙计,果敢能为,你们践行的是社会正义,展现的是中南智慧。

**【笃学尚行】**

**刘路**(第一届大学生道德模范)

又名刘嘉忆,男,汉族,共青团员,数学科学与统计学院应数专业0801班学生。大学期间,自学数理逻辑,大三时,对拉姆齐二染色定理的证明论强度的研究,被认为彻底解决了英国数理逻辑学家西塔潘(Seetapun)于20世纪90年代提出的一个猜想。2012年,破格硕博连读,师从

我国著名数学家侯振挺教授,3月,被破格聘为中南大学研究员,成为目前中国最年轻的教授级研究员。3月底,刘路获影响世界华人希望之星大奖。

在美国芝加哥大学的数理逻辑学术会议上,他作为亚洲高校唯一一位代表在会上做了40分钟报告,报告了他在数理逻辑方面的研究成果,语惊四座,将全世界数学专家的目光吸引到中南大学。

天赋源于兴趣,动力源于求真,刘路说,我一直觉得,生活的意义就在于热烈执着地追求喜欢的事物。

【颁奖词】一个完美的证明,让我们认识了他。平日里,他默默无闻地沉浸在知识的世界里探求真谛,面对周围的诱惑,他淡然处之。他不仅以自己严谨

和勤奋的学习态度为本校争取了巨大的荣誉,更向我们诠释了淡泊名利和率真的人生态度。

**汤欢**(第一届大学生道德模范)

男,汉族,中共党员,土木工程学院天佑 0801 班学生。大学期间,学习成绩优异,获得各类奖学金累计超过 3 万元;参加国家级、省级各类学科竞赛并多次获奖;同时以第一,第三作者参与发表论文两篇,均已被 EI 收录;申请国家实用新型专利 3 项,均已授权。

他来自"5.12"地震后的四川省德阳市,与中南土木人引以为豪的"詹天佑班"结下了不解之缘。他说,流泪的人是弱者,奔跑的人是勇者,含泪奔跑的人才是真正的强者。他知伟人志,行栋梁事,努力践行着经国济世、学成致用的伟大抱负。三年的努力使他提前拿到了研究生学习的入场券。

【颁奖词】苦学以自强,勤助以自立。三年来,为珍惜"5·12"大地震后来之不易的大学生活,他求真务实,艰苦奋斗,用全面发展的优秀成绩证明了自己的价值。"笃学尚行,止于至善",他以"天佑"之气展现了一个"土木"之人最美的风度。

**陈长**(第一届大学生道德模范)

女,汉族,中共党员,文学院 1004 班学生。大一学年获得国家级奖学金,积极参加学校、学院组织的社会实践调研活动,调研成果获全国爱国主义读书活动三等奖,个人多篇作品被收入新世纪阳光作品选集。

　　她来自于秀美的黄果树瀑布之乡,出生于党员家庭。18岁,当她面对鲜红的党旗,举起右手,那时,党旗见证了她的青春誓言。她带着正式党员的身份走进中南大学文学院,更是时时刻刻铭记着自己的身份和责任。

　　一旗,见证铮铮誓言;一肩,勇担时代重任;一歌,吟尽壮志凌云。在获得奖学金后,她拿出1000元捐给该院贫困学生;在钢琴声中她领悟"只有流过血的手指,才能弹出世间的绝唱";一张一弛的书法,传递给她从容的力量,挥洒着她青春的热血。

　　【颁奖词】严于律己,勤学苦练,追求求真务实的学习态度;她,多才多艺,文学创作、书法、歌唱等样样精通;她,学以致用,置身于实践,运用所学知识服务社会;她是90后的党员之花。

## 张雪莹(第二届大学生道德模范)

　　学,就是要学得酣畅淋漓;行,就是要行得铿锵有力。

　　张雪莹,湘雅医学院临床医学八年制学生,在学医的道路上奋发图强、成绩优异;在实践的道路上勇于探索、融学于行。

　　即使在支教途中意外感染腮腺炎被送进了医院急救室,她也不改初衷,痊愈后继续投身支教活动,办得有声有色,真正为留守儿童撑起一片天。

　　学而思,思而行,行而无疆。

　　【颁奖词】她没有豪言壮语,却有优异的成绩,累累的硕果。她一路踏着荆棘,却无怨无悔,她五赴湘西,只为那些渴望的眼神,即使住院也未曾改变初衷,她的心底住着太阳,在笃学尚行之路上,她就是播撒花种的人。

**高勋**（第二届大学生道德模范）

以求真援理的态度埋首书海，以脚踏实地的信念踽踽前行。

他是高勋，交通运输院的最美班长。他躬身自省，对自己要求严格，学习自觉名列前茅；他尽心竭力，带领全班向荣誉进军，一往无前。

军训优秀个人、社团活动积极分子、科技大赛三等奖，他永远在拼搏；优秀班集体标兵、院运动会比赛团体第一、文明寝室，他永不满足。

真诚淳朴，笃学尚行。

【颁奖词】他学习刻苦认真，发展全面，不仅个人取得了优异的成绩，作为班长的他带领全班五个寝室荣获校级"文明寝室"。他坚信只有实践才能使人生充实，那颗执着阳光的心，感染着他人，温暖着他人。

**陈盛德**（第三届大学生道德模范）

他来自建筑与艺术学院。他是中南大学官方微信主题宣传的第 29 期中南达人，自 2012 年入学以来，她始终秉持求真务实，敢于实践的信念。在操杨上挥洒汗水，在课堂上书写青春。三年蝉联"专业第一"，两次学科竞赛进入三甲榜单；在工作中，他敢于追求，乐于奉献，带领所在组织多次斩获各类荣誉称号。他敢于创新，学以致用，莫问收获但问耕耘。

【颁奖词】从懵懂到成熟，从茫然到坚定。"我本逐青峰，浮云何入眼。"他用行动诠释了笃学尚行，止于至善；心有猛虎，细嗅蔷薇。

**范博**（第三届大学生道德模范）

他来自法学院。他是新时代大学生的楷模，但并不止步于学习与工作。普及法律知识，宣传环保理念，他从未懈怠；致力于"三农"问题，关爱留守儿童，他从未停歇。他带领团队实地走访调研，完成共计16万余字的调研报告七份，摄影摄像作品超过3000份，他带领团队走向村庄，为劳动人民排忧解难，这都源于对时事的敏感和对社会的责任。

【颁奖词】身处象牙塔，却把温暖的双手伸向了辛勤劳作的农民同胞，这是"绿叶对根的情谊"，你是中国农民的儿子。

**邓诗易**（第三届大学生道德模范）

他来自冶金与环境学院。他曾担任多项学生干部，对工作认真负责，敢于创新，敢于突破；对学习不骄不躁，曾两次获"中南大学优秀学生"等称号。他始终严格要求自己，脚踏实地，刻苦钻研，努力适应大学里的自主学习方式；另一方面，他乐于奉献，勤于实践，积极投身社会实践和志愿服务，为每一位中南学子树立了榜样。

【颁奖词】勤学习、重修身，你是全面发展的先行者，最朴素的根有着最美丽的梦，念念不忘，必有回响，你是新时期践行社会主义核心价值观的青年先锋。

**生物科学 0901 班**（第一届大学生道德模范先进集体）

中南大学生物科学 0901 班是一个积极向上的集体，目前班级共有成员 26 名，其中女生 12 人，男生 14 人，包括党员 6 人。

该班大一学年英语四级考试一次性通过率 100%，大二学年英语六级通过率 72%。班级平均综合测评成绩大一学年 82.41、大二 85.09，连续两年排于湘雅 2009 级年级第一。在大学生创新实验训练项目的申请上，至今共获得 4 个国家级立项、13 个校级立项、12 个院级立项。以学生为第一作者在 SCI 期刊上发表学术论文 1 篇，CSCD1 篇，发表会议摘要 3 篇。获得第 36 届 ACM 国际大学生程序设计大赛亚洲区预选赛提名奖、2011 年 ACM 程序设计大赛中南地区邀请赛铜奖、第三届湘潭市"ACM 国际大学生程序设计大赛"二等奖、第七届湖南省大学生程序设计大赛二等奖、中南大学大学生程序设计竞赛一等奖、中南大学英语演讲比赛三等奖等。

2010 年 9 月，生物科学 0901 班正式发起以"爱心 + 梦想 + 感动 = 一家人"为宗旨的中南大学叁基金公益爱心项目。现该项目已形成以中南大学生物科学 0901 班同学为主体、兼纳各界爱心人士的团队。防艾协会、红十字会、茶花村支教团，处处都能看到他们默默奉献的身影；资助山区的贫困儿童、看望敬老院的孤寡老人、为自闭症康复中心的自闭儿童过生日，这一幕幕已不知不觉成为他们生活中不可分割的一部分。

追逐梦想，活力四射。26 个生命体共筑的温馨家园，先后两次获得先进班集体标兵称号，他们的成绩和荣誉彰显着他们"向善、求真、唯美、有容"的卓越品质。

**【颁奖词】**他们执着地追求着学术梦想，在他们前行的道路上不经意间花开满径；因为心中有爱，他们相互提携并肩前行，彼此不再孤单寂寞。有爱一家亲，他们聚集在一起，将"叁基金"的爱意在一次次的服务与奉献中升华。如同一缕清风,在他们轻抚每一个受助者的同时,我们的校园里也激荡起了爱的力量! 在集体的追求中,他们找到了个人的理想,在前行的道路上,他们也必将更加坚定执着。

**【爱国荣校】**

**国旗班**(第一届大学生道德模范先进集体)

中南大学国旗班组建于1996年11月,是由校学工部直接领导,商学院学工办具体组织管理的一个集体组织。国旗班由商学院各年级学生共同组成,至今有"中南第一班"之称。2001年起国旗班被指定为"中南大学爱国主义教育基地"。十五年来,国旗班成员每学期始终坚持在每周日下午进行120分钟的常规训练;每学期国旗班执行周一常规升旗任务、周五常规降旗任务;在重大节日、重大活动中数次圆满完成出旗、升旗任务。先后与天安门国旗班第一任班长董立敢和天安门国旗护卫队第一任班长赵新风进行爱国主义教育交流;组织赴韶山进行爱国主义教育;参加由中国志愿者协会、中国红十字会、共青团中南大学委员会和北京电视台联合主办的"中国远征军67年再聚首"等各项爱国主义教育活动。

国旗班自成立以来,以升旗、降旗、爱旗、护旗为自己的神圣职责,用青春的汗水和真诚捍卫着中华人民共和国国旗的尊严,形成了一道亮丽的校园风景线,国旗班的优秀表现已在中南大学形成了良好的口碑。

五千多个暑退寒袭的日子里,他们把忠诚与祝福写在飘扬的旗帜上,揉进朝雾与晚风中,他们用心守护着那面代表着人民共和国尊严的五星红旗。他们的人生在平凡中流光溢彩,在流光溢彩中愈显超凡的美丽!

**【颁奖词】**升旗、降旗、爱旗、护旗是他们的神圣职责,他们用心呵护着国旗,用脚步丈量着国旗下的每一寸土地,像熟悉掌纹一样熟悉它的纹理。升旗台就是他们的战场,一个个简简单单动作的重复,坚守着的就是他们爱旗和爱国的精神,他们在用青春的汗水与真诚捍卫着祖国的尊严。当国旗升上杆头迎接初升的太阳时,红与白的鲜艳交织已然成了一道亮丽的校园风景线。

**【文化传承】**

**经典诵读亲子班**(第一届大学生道德模范先进集体)

亲子共读经典起源于台湾地区,由中华经典文化教育协会理事长洪淑慧女士发起,至今已成功运行近 20 年。秉承"经典生活化、生活经典化"理念,传承中华优秀传统文化。该模式于 2008 年 9 月登陆长沙,是纯公益的文化组织,至今已顺利运行 3 年半。亲子共读,即指小朋友在父母的陪同下一起学习诸如《弟子规》《论语》《老子》《朱子治家格言》等传统经典,并开设包括道德教育、心灵成长、环保教育等生命教育的多元教学和大型主题户外教学。目前在长沙共开设七个亲子共读班,共计参与亲子家庭 1000 多个,2000 余人,来自社会各个阶层的志愿者 400 余人,构建了成熟的家庭、学校、社会教育网络体系。

"两岸亲子共读经典—中南大学子夏班"2009 年 9 月成立于中南大学公共管理学院,两年来共计开办 50 期,先后有 100 余对亲子参与经典学习,有 120 多位大学生志愿者参与公益服务,登台授课,深受喜爱,并多次参与组织策划大型户外主题教学活动和开学典礼、结业典礼。自成立以来,子夏班多次邀请创始人洪淑慧老师来校给志愿者进行培训以及心灵教育,并多次参与策划组织长沙市大型活动。子夏班对弘扬中华传统美德、对促进校园文化建设具有重要作用。截至目前,子夏班共有 50 多名志愿者先后获评"长沙市优秀志愿者",以及云麓园社区颁发的"公益之星"的称号。子夏班的工作得到了学校、学院领导的充分肯定和大力支持。

　　他们,没有响彻云霄的名号,只是一群普普通通但又全心全意执着奉献的志愿者。他们,不是文化的拓荒者,但始终执着传播中华优秀的传统文化,让文明在华夏大地扎根播种。

　　【颁奖词】五千年华夏文化,亲子共读传经典。琅琅书声,承载着对孔孟之道的仰慕;脉脉温情,饱含着对儒家经典的热爱。亲子诵,经典美。在这物欲横流、文化方向模糊的当下,他们重拾传统文化,主动肩负起文化传承的责任,将经典注入生活,让生活经典化。亲子共读,是他们凝聚了两代人之间的感情,让爱传承起薪火,与经典同行,与生活同行,他们是时代迷雾中耸立的灯塔。

## 中南大学经典吟唱团(第二届大学生道德模范先进集体)

　　沧桑千年,风华依旧,是它的底蕴;依字行腔,依义行调,是它的姿态;悠悠古韵,娓娓道情,是它的魅力;传承中华,发扬经典,是它的使命。

　　情牵中华文化梦,他们热似骄阳;挽救吟诵危难时,他们义不容辞——他们就是中南大学经典吟唱团。

　　吟唱传播基地的成立、“汉服吟唱”迎新生、玉带河畔赏月灯谜会、在小学开设吟诵课程、举办“重回汉唐”元旦晚会,吟唱团每一次都惊艳转身、华美亮相。

　　吟诵——美丽如斯,深厚如斯。对中华传统文化的一片热忱带领他们,在圆梦的途中,烙上青春的印记;在筑梦的路上,许下不落的诺言。

　　【颁奖词】历经千年沧桑,那悠悠古韵中,依稀可感受当时的绝代风姿,脉脉温情。吟诵是中华文化的遗产,却在今天逐渐被遗忘。于是他们站了出来,用一颗颗赤诚的心拯救吟诵于危难,构筑中华的复兴梦。他们站在时代的交汇点上,依字行腔,依义行调,用青春吟出往圣绝唱,完成历史与时代的对接。他们主动担起传承吟诵经典,发扬传统文化的责任,使中华民族文化的自信和自豪感,在炎黄子孙血脉中凝聚得越发浓厚。

# 第四章　风　格

## 第一节　中南微故事

### 1. 血脉相融的心灵感动

2009 年 12 月 30 日,刘子建在武汉市同济医院进行了造血干细胞捐献手术,成功地将生命的种子注入了一名 12 岁白血病患者的体内。

刘子建是中南大学土木工程学院 2003 级本科生、2007 级硕士研究生。

2003 年 12 月 25 日,正式入党没多久的刘子建看到校园里的无偿献血车,一个在今天看来很幸运的念头在她脑中闪过:"做一次无偿献血,算是庆祝自己入党吧!"

在献血车里等候血液初检的时候,她看到了车内关于中华骨髓库的介绍。之前她也从网上了解到一些骨髓捐献方面的知识,心想如果用自己的造血干细胞救助一个人的生命,那将是件比献血还要有意义的事情。她当即填写了加入中华骨髓库的申请表。

加入中华骨髓库的事情,在接下来的几年里,慢慢地淡出刘子建的生活。她想起那天跟同学说的那句玩笑话:"成功捐献的概率大概跟买彩票中头奖差不多吧。"

和其他人一样,她经历了本科毕业、考研等人生中的重大转折,不同的是她意外地"中了头奖"。

2009 年 7 月,已经研三的她,怀着对于未来生活的憧憬,来到武汉寻找实习机会、寻求工作,同时也追随自己那份修炼了 7 年之久的爱情——2010 年元月 22 日,刘子建即将举行婚礼。

这个时候,她不知道几个月后她将在这个城市延续另一个生命,并牵动着那么多人的心。

2009 年 10 月 14 日,她接到妈妈打来的电话,妈妈有点担心地告诉她,有人打家里的电话询问她现在的联系方式,对方对于刘子建的资料也知道得比较清楚。妈妈叮嘱她接到陌生电话的时候一定要谨慎小心。果然妈妈的电话刚放下,一个陌生的长沙号码打了过来。

电话那头是中华骨髓库湖南分库的工作人员,也就是后来全程陪她捐献的唐阿姨。唐阿姨告诉她,2003 年在中华骨髓库存留的血液样本与一位白血病患者初配型结果相合,问她愿不愿意救助一位白血病患者,接受进一步的检查。唐阿姨说:"你家里的电话也是我打的,之所以没有告诉你妈妈打电话的原因,就是担心父母不能够理解骨髓捐献的事情而徒增担心。"唐阿姨特别嘱咐她:"一定要跟家人好好沟通好好商量,一旦决定捐献就一定要坚持走到最后,否则会让患者家庭遭受再一次希望破灭的打击。"

"几十万分之一? 这么巧? 买彩票怎么没这运气!"接到子建的电话,未婚夫陈嘉正在福建莆田的高速公路上,当时他差点没从座位上蹦了起来。半天缓过神来,他在电话里叮嘱子建:"第一,你自己要想清楚;第二,别急,咱再了解了解情况;第三,一定要征求双方父母的意见。"

造血干细胞移植,也就是人们以前常说的骨髓移植。随着医学技术的发展,造血干细胞的采集,已不再从供者骨上凿孔,直接提取,而是注射集落刺激因子(俗称动员剂),让骨髓中的造血干细胞大量释放到血液中,再通过血细胞分离而获取。提取的造血干细胞移植到受者血液中繁殖、分化、产生造血功能;其余部分回输供者。在目前,这几乎是治愈白血病的唯一希望!

刘子建一家人在犹豫着。双方父母不无担心:这样做虽说没后遗症,可谁说得准呢？任何后果,供者都是要用自己的身体乃至生命去承担的。陈嘉腼腆地笑着:"我今年28岁,子建25岁,万一有个好歹咋办?"

"捐了吧。毕竟是救人性命。"刘子建轻轻一句话,算是拍了板。"一想到人家是一条生命,我怎么忍心说'不'。"

虽然家里人担心子建捐献造血干细胞的各种问题,但是面对子建的坚定态度,以及千里之外一个12岁孩子的鲜活生命,最终全家同意了子建的选择。

通常的造血干细胞移植,在低分辨配型和高分辨配型方面,供者和受者的10个基因点位有6个相合即算配型成功。10月26日,刘子建的5ml血液样本经高分辨检验,10个基因点位与受者完全相合。工作人员连呼难得,刘子建淡淡一笑:这大概是缘分吧。

11月30日,刘子建接受健康体检,结果完全符合捐献条件。

整个捐献过程,受到了社会各界的关注:湖北骨髓库的工作人员负责刘子建在武汉前前后后的相关协调工作;湖南骨髓库负责她的资料和联系工作,并在采集准备的阶段由唐阿姨先期赶来照顾她;她的妈妈从家乡来到武汉,和未婚夫一起照顾她的生活;在正式采集时,学校的领导、老师、同学们,湖南红十字会、湖南骨髓库、湖北骨髓库有关负责人都前来探望。患者所在医院前来提取造血干细胞的医生还带来了受者小朋友送给她的一张卡片,上面写着:"亲爱的大姐姐,虽然我们素不相识,但是从此我们就是亲人了。我会带着一颗感恩之心勇敢地生活下去。"

出现在眼前的一切令她十分感动。大家关注的,不仅仅是造血干细胞捐献这件事情,更重要的,是社会和学校对一个生命的无比尊重。每个人都是最重要的,尊重每一个生命,这是最令人感动的情怀。而对于刘子建来说,小患者那份懂得感恩的心和对待残酷病魔的勇敢,更是让人动容。

2009年12月30日,婚前23天。武汉的天气还有些寒冷,但温暖在武汉同济医院传递。

注射完最后一针"动员剂",刘子建忍着全身骨子里渗出的酸痛,细心地给那位素不相识的白血病男孩写下了深深的祝福:"亲爱的小弟弟:姐姐希望通过这一次捐献,能够帮助你摆脱病痛的折磨,你的未来还很长远,祝你早日康复,幸福平安。子建姐姐。2009年12月30日于捐献前。"根植于平凡却塑造了伟大,她用鲜血浇灌了一个陌生人的生命之花。

经过近四个小时的外周造血干细胞采集,她体内的近6000ml血液通过了造血干细胞的采集机,最终获得了163ml的造血干细胞。采集的当晚,患者方面的医生就带着她的造血干细胞飞抵患者所在的医院,并于当晚7点将造血干细胞回输入了患者体内,造血干细胞捐献成功。

在病房里,刘子建脑海中浮现最多的一个词就是——感动。她感动于社会对于每个生命的珍惜、对于救助每个不幸生命的努力;她感动于每位参与捐献过程中的人们的理解和支持;她感动于学校和社会对于她这件自认为很普通的事件的重视;她感动于那份对待陌生生命的善良和那份对待残酷现实的勇敢。

### 2. 为流浪汉送饭一年

"下班时看他脸色苍白,可能缺少营养,明天拿点吃的和营养品给他吧。"姜跃辉和妻子小林说的"他"是个流浪汉,常"住"湘雅二医院门前的地下通道里。

这个流浪汉在地下通道住了一年,夫妻俩也给他送了一年的饭。

姜跃辉和小林都在湘雅二医院护理部临床支持中心工作。这个地下通道是夫妻俩上下班必经之地。小林至今记得她和流浪汉第一次相遇地下通道时的情景。

2012年3月的一天,长沙下了一场大雨。也许是为了避雨,这个流浪汉来到了地下通道里。他40多岁的样子,满脸络腮胡,两床被褥、一个瓷碗是他的全部家当。自此以后,小林几乎可以天天在这里看到他。

大概是那次相遇后的两三天,小林上班进入这个通道时,远远看到他蜷缩在角落里,顿时觉得他很可怜,靠近时便给了他一个老面馒头。刚接过馒头的他表情淡漠,好像有点不屑一顾。快出通道时,小林回头再看,那个流浪汉猛地一口把馒头塞进了嘴里。

"那个动作我一辈子也忘不了。"小林说,从那以后,每天经过地下通道,她都会给流浪汉带一些吃的。如果哪天自己不上班,就让丈夫捎带。"每次满满一大碗,他都吃得精光。"一年下来天天如此。

当然,夫妻俩并不是唯一给流浪汉送吃喝的人。帮助这个流浪汉的人还有很多。附近不少人也经常给他送点吃的,但他就是不爱搭理人。所以谁也不知道他从哪里来,为什么会在这里。小林说,2012年12月份下雪的时候,他离开了几天,3天之后却又回来了。

2013年3月29日早上,姜跃辉夫妻俩早早地来到湘雅二医院对面的早餐店,叫了3份牛肉面,2份自己吃,另1份打包,是带给地下通道的那个流浪汉的。心想着,有了这碗热气腾腾的牛肉面,他又可以解决一顿。

6点20分左右,夫妻俩来到地下通道入口处。突然,觉得有些异样,那流浪汉躺在被褥上一动也不动。

"怎么回事?"小林心一惊,很是诧异,往常这个时候他已经起来了。

快步走上前后才发现,他脸色苍白,全身僵硬。一番检查,确认他已经没了呼吸。

姜跃辉马上打电话报了警。

6点30分,民警赶到现场,证实流浪汉已经死亡。

当民警问及流浪汉情况时,一位老人说:"他白天出去捡垃圾,晚上就睡在通道里。"

虽然给他送饭有一年了,小林说,自己并不知道流浪汉是哪里人,家里还有些什么人。只是每次经过地下通道,看着流浪汉孤独的样子,心里就一阵心酸。"希望他在天堂里不再孤单。"说到这,小林觉得很伤感。这一年里,给地下通道这个流浪汉送饭已经成为习惯。如今,他走了,心里仿佛空了一截。

### 3. 邓幼文抢救八旬老人

"2012年4月2日,在神龙大酒店门口,一个80多岁的老人突然摔倒,呼吸心跳全无。家属连忙拨打了120急救电话,在等待的过程中家属手足无措。这时一个陌生人挤进人群,了解情况后马上对老人进行急救,经过20多分钟的抢救,老人渐渐有了呼吸。"

这是近日在"耒阳社区-纸都在线"上一条热帖的帖文。从帖子图文内容来看,救人的医生正是湘雅二医院脊柱外科邓幼文副教授。

2012年4月2日上午11时30分左右,耒阳市神龙大酒店门口,突然人声喧哗,一位八旬老者忽然倒地,呼吸心跳全无,家属不知所措,焦急万分。就在这千钧一发之时,回家扫墓的邓幼文从人群中挺身而出。他先探了探老人的桡动脉,又探了探颈动脉,接着又用脸贴着老人的鼻子,发现老人此刻心跳和呼吸已暂停,情况十分危急。

"马上抬到酒店桌子上去。"邓幼文镇定地指挥老人亲属。

"我认识这个人,他是我们耒阳人,好像是长沙来的一位教授,姓邓。"人群中有人认出了这位男子。人们悬在嗓子眼中的心,稍稍放了下来。

"必须马上做心肺复苏急救。"邓医生撸起衣袖,俯下身来,立即对老人进行口对口人工呼吸。接着,他开始按压胸部15下,再进行人工呼吸,如此循环了20多分钟。人工呼吸一般隔一层纱布,情急之下,邓幼文也顾不了那么多。

"醒过来了。"就在邓医生给老人做人工呼吸时,老人口中涌出了一口浓痰,慢慢恢复了心跳。此时120医生赶到了。邓医生顾不上擦洗痰迹,就向120医生亮明自己湘雅二医院医生的身份,并请120医生协助人工呼吸,随后开出"肾上腺素、地塞米松、利多卡因、尼可刹米"等4种药物,嘱咐他们给老人注射。

大概又经过十几分钟的抢救,老人睁开了眼睛,邓幼文再次摸了摸老人的手腕(桡动脉),确定老人呼吸心跳基本稳定后,吩咐120医生给予吸氧。

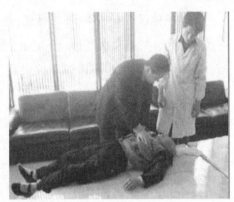

苏醒过来并呼吸慢慢平稳的老人被送上了救护车,邓幼文从酒店取来一张纸写上自己的电话交给120医生,说随时可以打电话咨询。

随即,匆匆离开。

邓幼文挺身施救八旬老人的事迹,当即在社会各界引起了强烈反响。湖南省卫生厅党组副书记、副厅长陈小春表示:"救死扶伤是医生的本能反应,邓幼文清明节扫墓途中救人是好医生的体现,是值得包括医生在内的整个社会学习的榜样。"


**4. 被手术前先为病人做手术**

2012年7月24日,中南大学湘雅三医院外科党支部组织80多名医生到基层义诊,目的地是邵阳的武冈和新宁。中午11时许,快到武冈时,带队的负责人接到新宁阳光医院一个紧急求助电话:一位肾结石病人正在手术台上做经皮肾镜手术,因情况复杂,手术没办法进行下去,患者生命危在旦夕,请求专家救急!

时间就是生命。当得知戴英波就是该领域的省内知名专家,恰好正在来新宁县义诊的车上,医院随即派车去接。没想到,上车后没多久却出了意外,在一个L形急拐弯处,一辆疾驰而来的农用拖拉机与救护车撞在了一起,戴英波和司机都栽在了水田里,浑身泥巴。幸运的是,两人并没发现严重外伤,车门已经变形无法打开,两人从车后窗爬了出来。

"当时也没觉得怎么样,一心只想着去救人。"事后,戴英波对记者说,"那个时候,我感觉自己还能够坚持,而患者已经躺在手术台上等了两个小时,正面临大出血的危险。"

到达目的地后,戴英波立即投入到紧张的手术中。经过两个半小时的抢救,手术圆满成功,而此时,戴英波才觉得自己的脑袋嗡嗡作响,右边头部外伤还在渗血,右耳也在流着血水。

患者下了手术台,戴英波随即躺在了手术台上。经检查:颅底骨骨折,外伤性骨膜破裂,脑脊液耳漏,听力损伤。

"我当时根本没意识到会这么严重,还以为耳朵里流出的是翻车到稻田里灌进的水。"戴英波显得很平静。

回到医院后,看到等他动手术的病人一堆,他又心急起来。"我只是轻微的颅底骨骨折,脑脊液耳漏是可以自行愈合的,鼓膜的修复也不着急,现在手能做眼睛能看,先给病人做完手术再做自己的手术吧。"最后,做完"积压"的20多台手术后,戴英波这才被医院领导和家属逼进了"被手术"中。

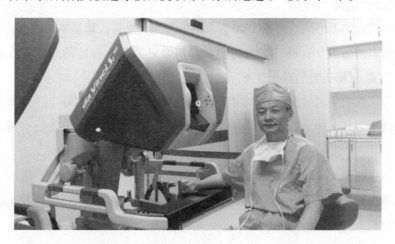

### 5. 感谢信"牵出"救人佳话

"不是亲人,胜似亲人,危难时刻见真情,她们的义举使我重获新生。感谢中南大学湘雅二医院十四病室付柳英护士长及何金护士救命之恩,感谢湘雅二医院培养出了这么优秀的医务人员!"

这是湖南省国税局职工潘淑华及家人写给湘雅二医院党委的一段话。

这封感谢信的背后还有着一段九寨沟救人的美谈。

2012年10月22日上午,潘淑华在海拔3500多米的四川九寨沟黄龙景区游览。也许是年事已高,中午时分下山时,她突然腹部绞痛难忍,大汗淋漓,晕倒在雪地上。导游及其他游客都被这突如其来的"变故"吓呆了。

正在此处采风的付柳英和何金见此情景,立即奔到病人身边。她们娴熟有序地对老人实施一系列抢救措施:打开随身携带的小氧气筒予以输氧;口服高原舒宁及速效救心丸等急救药物;按压相关穴位;观察生命体征的变化;组织指导其他游客联系当地医疗单位。

"不用担心,我们就在你身边。"她俩安慰潘淑华,并坚持和她说话,以安抚她不安的情绪。

尽管只是10月份,海拔3500多米的九寨沟黄龙景区却是冰天雪地。已经十分虚弱的潘淑华在哆嗦着。付柳英和何金赶紧脱下自己的外套盖在她身上。其实,付柳英突然进入这寒冷地区,也被感冒缠着身。

为了保障患者输氧,付柳英不顾疲惫的病体,双膝跪在雪地上不停地按压氧气筒压力筏。何金则用全身力气托住患者的身体,以保证患者处于最佳体位……

就这样,一个小时过去了,经过付柳英及何金紧张有序的救治,潘淑华终于转危为安。而此时,付柳英和何金除了不由自主地打寒颤,已难以自主地支撑起自己有点僵硬的身体。

几天后,旅程结束。付柳英及何金回到医院继续上班,却对此事只字未提。但这事却在潘淑华那里持续着。潘淑华带着家人拿着这封感谢信,找到湘雅二医院有关负责人和付柳英、何金时说:"在那叫天天不应、叫地地不灵的地方,要是没有碰到你们出手相救,我也就回不来了!"

### 6. 莫淼捐骨髓千里救人

同学们都在忙着找一份实现学医梦想的工作,他却躺在病床上采集造血干细胞,为素未谋面的患者送去"生命种子"。

他是中南大学湘雅二医院泌外移植科医学博士生莫淼。2012年12月27日,从莫淼体内采集的299毫升造血干细胞飞抵北京,输入了一个白血病女孩的体内。

2005年,19岁的他成了中南大学湘雅医学院新生,看到停在校园里的献血车,作为班长,他带头走了上去,挽起袖子。献血完毕,当工作人员询问是否愿意加入中华骨髓库时,他毫不犹豫地签下了承诺书并留下血样。

整整7年过去。2012年8月,莫淼接到中华骨髓库工作人员的电话,称他与一位血液病患者配型成功,问他是否可以接着做高分辨配型。

"得知自己的骨髓配型成功,当时真的是意外而惊喜。我知道这种概率特别低,能够配上,能够有机会挽救另一个人的生命,真的感觉很荣幸。"莫淼说。

莫淼又一次毫不犹豫地答应配型。

"我们去找他进行高分辨检测时,他正在手术台上。获悉我们的来意,他二话没说,爽快地答应:'没问题,你们快到了就打我电话,我自己下来。'"中华骨髓库医疗服务科科长张赞回忆说，莫淼跑下来时，身上的手术服都没来得及脱，午饭也没吃，手里已经握着自己主动抽取的两管血。"我当时心里就一个感受——温暖。"

11月，结果出来了，配型成功！

接下来的四五天内，莫淼每天打一针动员剂，准备捐献。而快要毕业的他，这段时间本是忙着应聘面试和做课题的紧要时刻，但他毅然选择了捐赠造血干细胞，推掉了多个应聘面试。

"找工作，也是为了治病救人。"莫淼如是说，这次能够用自己的血液救人，让他更加懂得生命的意义，也以实际行动践行"救死扶伤"的职业诺言。

莫淼也因此成了全国首例捐献造血干细胞的医学博士生。他是湖南第237名捐献造血干细胞的志愿者，也是"捐髓无害"的最新佐证。采集造血干细胞当天，来自全省各地的捐献者和志愿者自发前来看望这位"新成员"。他们之前根本不认识，但因为都热衷于这样一项公益事业，感觉就像认识了很久的老朋友一样，没有丝毫陌生感。

图为中南大学党委书记高文兵看望莫淼

### 7. 雅安芦山大地震中的"湘雅身影"

2013 年 4 月 19 日，湘雅医院急诊科主任李小刚教授抵达四川成都出席首届华西急诊国际高峰论坛。正在酒店休息的他，突然感觉到明显晃动，震感极强。意识到发生地震后，李小刚迅速做出反应并采取了自我保护措施，他将自己藏在房间桌子下面，以防不测。大约过了 20 秒震动停止后，他立即从室内向室外广场上转移，并与会务组取得联系。

获悉会议取消，华西医院急诊科专家纷纷赶回医院待命准备救援工作后，李小刚教授随即与该院急诊科负责人取得联系，并参与到应急救援工作中来。

在华西医院组织召开的抗震救灾应急准备会上，李小刚教授结合自身丰富经验，向同行提出了切实可行的意见和建议："伤员从入院到分流，要指定一名医生和两名护士组成的小分队全程负责，这样可以有效避免诊断和处理上的遗漏；其次，手术科室和急诊科工作人员要随时待命，各科总住院应根据患者具体伤情，协助急诊科医护人员做好术前准备，这样可以缩短伤员从入院到进入手术室的时间。"

20 日下午，华西医院已陆续收治了数十名由地震灾区送来的伤员。成都当地自早上发生地震以来，李小刚陆陆续续感觉到多次余震，但他依然留在医院。该院医护人员在采纳了李小刚教授的建议后，对伤员进行了及时救治。


### 8. 楼管阿姨高吕华的幸福

如果下班时间到校本部十五舍，你能见到一位可亲可敬的楼管阿姨，她就是十五舍的值班员高吕华。

学生在寝室生病是楼管阿姨最担心的事情之一。看见学生生病就感觉像自己孩子生病一样。

"早几天吓死我了！"2013 年 6 月的一天，高吕华说，说话时一脸严肃，眼泪在眼眶里打转转。那天晚上的惊魂一幕让她觉得后怕。原来，5 月 26 日深夜 1 点左右，听说 515 房间的一名同学突然晕倒，高吕华的丈夫从床上"噌"地弹起，光着脚就往楼上冲，边跑边叫她打开大门迎接急救车，他自己飞快跑上楼把生病学生背到大厅等待。在等待急救车时,高吕华给学生端上一杯盐开水,搬椅子给学生坐,最后因为120车太慢,她就拦下一辆出租车,让丈夫与辅导员一起将学生抬上车送往医院。这一夜他们只睡了三个多小时。

无独有偶,两天后的5月28日晚上1点10分左右,十五舍313房间再次发生类似事件。高吕华马上拨打120,快步跑到楼上,几秒钟之内给学生掐人中、掐脚后跟,之后与室友一起将其抬下楼。她丈夫则一直和120急救车保持联系,并骑车到校门口将急救车带到十五舍,然后将生病的同学送往医院。由于担心影响该学院的辅导员休息,直到早晨她才把情况报告给老师。几乎又是一个不眠之夜。

这样的事情于高吕华并不鲜见。给生病的学生补充盐开水、掐人中、掐脚后跟等急救措施,可是她在40多年的人生历练中总结出来的。

高吕华对学生的"母爱"同样可见于每天的琐碎之中。晒衣服、收被子也是她常做的小事。有一次她偶然发现学生放在洗衣机里的衣服没及时晾晒,就帮忙晾晒。一次、二次、三次,最后就变成经常性地找事做了。当发现晒衣绳不够时,高吕华就在宿舍前坪增加好几根晾衣绳。

高吕华常说:那些学生好可爱的,每次看到我,大老远就拉着长声喊我:"姨!"从她的话语中可以听出因此获得的满足感和幸福感。

不久前的一天下大雨。细心的高吕华看见有两个学生站在十五舍前的树下说话,她感觉到有危险,一边走近他们,一边冲他们大声喊:"同学,不要站在树下,要注意避雷"。转眼,一根碗口粗的树枝突然被雷电击落。学生惊吓之余连忙致谢。

这戏剧性的一幕让高吕华的幸福感倍增。

### 9. 三赴印尼手术救人的舒畅

2013年6月26日,湘雅二医院血管外科主任舒畅教授,在印度尼西亚首都雅加达,再次成功救治当地一名高危主动脉瘤患者。这是舒畅第三次应邀紧急赶赴印尼抢救生命。

一周前,印度尼西亚首都雅加达麦卓迦得医疗集团收治了一名腹主动脉瘤高龄患者,由于患者同时合并多种基础疾病、动脉解剖条件差,无法耐受常规的开腹手术。院方紧急邀请中国血管外科专家、国际血管联盟副主席舒畅教授飞赴雅加达实施腔内手术,救治病人。

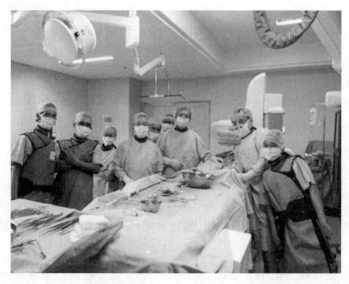

受当地医疗技术发展水平的限制,此类手术在雅加达还从未开展过,手术当日,印度尼西亚心血管学会主席 Lubiantoro 闻讯亲临现场,参观手术,来自麦卓迦得集团下属十个医院的专科医师也纷纷赶来观摩学习。

从进入手术室到患者麻醉苏醒,舒畅教授只用了短短的一个半小时就成功实施了手术,凶险的主动脉瘤被完全隔绝,患者转危为安。

2013 年初,舒畅教授也曾在印尼雅加达成功抢救了一名高龄主动脉瘤患者,患者是一名欧洲白色人种,当时病情严重,手术风险很大,经过腔内修复术后,目前已完全康复。凑巧,患者的儿子也是荷兰一名心血管外科医生,他对母亲手术的效果感到非常满意。2013 年 6 月 26 日,患者一家特意赶到雅加达向舒畅教授表达敬意和感激。

被誉为"云端医生"的舒畅教授,继续着他"千里走单骑"的手术生涯,频繁应邀飞往全国各地以及马来西亚、菲律宾、越南、泰国等东南亚国家,妙手仁心救治病患。

### 10. 伸手入喉救人

2013 年 10 月 19 日,湘雅三医院 15 病室 33 床,快要出院的小宇廷一边玩,一边让妈妈给他喂葡萄吃。意外突然发生,小宇廷被一颗葡萄卡住喉咙,喘不过气来。不到一分钟时间,小宇廷涨得满脸通红,嘴唇发紫,双眼上翻,意识也逐渐丧失。

爸爸吴亮标赶紧抱着孩子冲向护士站,发疯似地喊救命。

贺琼是当天的值班护士,她立即对小宇廷进行查看,"孩子是被异物阻塞气道导致窒息,必须马上取出异物,不然会有生命危险。"

贺琼当即将孩子头朝下倒提起来进行拍背,以便让孩子吐出异物,但没有效果。她又把孩子平放着进行压腹,还是没用。

情况已十分紧急,贺琼赶紧把他抱到离护士站最近的病房抢救。此时,小宇廷因窒息失去了意识,双眼紧闭,嘴巴死死地咬着,根本没办法用吸引器进行吸引。

这时,贺琼使劲把小宇廷的嘴巴掰开,毫不犹豫地将左手伸进他的口腔内,开放气道并刺激咽部反射,右手则拿着吸引器进行口腔内抽吸。

"病房里谁都不敢出声,孩子的爸妈已跪在地上哭不出声,连我都被吓坏了。"回忆起当时的情况,正在病房照顾爱人的曾阿姨连连感叹。

整个过程持续了约三分钟。随着一阵咳嗽,小宇廷吐出几口血,抱着妈妈哇哇大哭起来。

孩子活了过来,正当家人准备向贺琼道谢时,却发现她的手指鲜血直流,最严重的地方,能看见白色的骨头。

见到贺琼几乎断掉的手指,吴亮标和妻子再一次泪流满面,跪在贺琼面前磕头道谢。"你们不用放在心上,救

图中为贺琼

死扶伤是我们应该做的。"贺琼连忙扶起他们,脸上还带着微笑。

事后,科室护士长看着贺琼伤痕累累的手,又心疼,又感动,"我当时问她,你怎么没有想着采取些保护措施? 她说,'当时我只想着救人,而且情况太紧急了,来不及多想。"同事洪梅回忆起这事,几次落泪,"她当时真的完全没有想到自己,要知道,人在失去意识的状态下,牙齿的咬合力是巨大的,如果换成成人,她的手指早断了。如果患者有传染病,被传染的概率也非常高。她却全然不顾这些。"

### 11. 捐献造血干细胞的"湘雅人"

2013 年 11 月 18 日,湘雅医院医务部职工黄炯躺在病床上,一根导管从他的手臂延伸至血细胞分离机,将"生命种子"造血干细胞源源不断地采集到储血袋中,将为一名白血病患者送达生的希望。——这是中南大学湘雅医院第一位成功捐献造血干细胞的医务人员,也是湖南省第 276 例、全国第 3825 例造血干细胞捐献者。

"一点都不疼,就像献一次血一样。"躺在床上的黄炯一直微笑着,这位年仅 27 岁的小伙子自 2004 年刚满 18 岁起已连续献血近 10 年,而正是 2008 年一次捐献血小板的偶然机会,使得他毅然加入了造血干细胞捐献志愿者队伍。2013 年 9 月 4 日,经检索黄炯的 HLA 分型资料与福建一名求助白血病患者初配相合。

"救人不就是医学生的职责吗?"当中华骨髓库联系到黄炯时,他毫不犹豫地答应了。本科学习临床医学,研究生攻读法医,作为一名医学生的黄炯一直将救死扶伤的职责铭记于心。

2013 年 11 月 14 日,经过高分辨率配型成功、体检指标检查各项合格,黄炯住进了湘雅医院血液科病房。为了此次捐献,黄炯入院后连续 4 天注射了皮下造血干细胞动员剂,将存在于骨髓中的造血干细胞动员到外周血中。然而,他忍着骨骼疼痛、肌肉酸痛等不适,仍然坚持上班。

"他都没告诉我们,自己上班期间偷偷去血液科打针的。"黄炯的同事回忆,甚至在捐献前一晚,黄炯还曾耐心与患者家属沟通,处理一起医患纠纷到深夜。"他平时接待患者投诉、处理医疗纠纷都特别细心、耐心。"

据不完全统计,2011 年至 2013 年,湘雅医院组织教职工参加各类大型集体献血活动达 400 余人次,献血量达 14 万毫升,其中不包括医务人员自发走上街头流动采血车。此外,医院组建一支"白衣天使"志愿献血者库,目前已有 80 名志愿者加盟,是医疗卫生机构和采供血机构血液保障有效支持者和应急队。

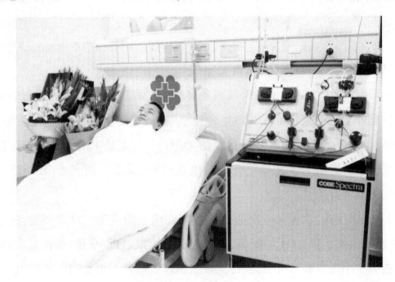

### 12. 王超停车救路人

2013 年 12 月 24 日,清晨,中南大学能源科学与工程学院辅导员王超在上班途中,透过车窗朦胧中发现马路边上躺着一名疑似受伤的人,王超立即靠边停车,只身前往一探虚实。走近一看,伤者满脸鲜血,头部朝向马路中央,腿上压着一辆电动摩托车,不能动弹。王超立刻拨打了 120 和 110。正值上班高峰期,且六点的天空能见度不高,加上这段路没有红绿灯,一般车都会开到 60 码,密集的车流随时可能对伤者造成二次伤害。想到这些,王超努力唤醒昏迷伤者询问情况,一边进行施救一边联系其家人。救护车和警察赶到后,王超详细介绍了事情经过和伤者的情况,积极协助伤者就诊。因为救助及时,伤者在医院很快就脱离了危险。也许,缘分就是这么妙不可言,王超在医院看望伤者聊天时,获悉被救的伤者竟是初中同学。伤者住院治疗期间,王超多次前往医院探望直至伤者康复出院。

一时间,王超的救人事迹不胫而走,在全校掀起了正能量的巨浪,得到广大师生的广泛好评和宣传,在师生微信圈、QQ群组和人人主页等网络平台里,"超哥"火了,师生们为王超冠上"最美辅导员"称号。面对师生及社会各界的赞誉,王超很淡然地说"我只不过做了我应该做的"。

教育部《加强和改进大学生思想政治教育工作简报》第1135期对王超的救人事迹进行了报道,文章对王超予以高度评价:"王超救助受伤群众,体现了高校辅导员勇于担当的社会责任感、见义勇为的可贵品质和乐于助人的高尚情操。是中南大学辅导员队伍的优秀代表,他用实际行动为大学生做出了榜样,为良好社会风气的形成再添正能量。"

2013年12月30日下午央视新闻频道、2013年12月31日上午央视中文国际频道先后报道了王超的先进事迹,人民网、新华网、中青网、新浪网、湖南日报等20多家主流媒体也进行了报道,给予王超高度评价,相关微博短期内浏览量超过10万人次。

同年,王超荣获"2013湖南省高校辅导员年度人物""第六届全国高校辅导员年度人物提名奖"等荣誉。

### 13. 郑强伟的担当

2014年2月23日下午,因为要准备下午的学生干部例会,建艺院辅导员郑强伟吃过午饭便早早来到办公室。正当他打开电脑打印材料的时候,手机铃声响起,来电显示的号码是他所带年级学生杨某的母亲。杨某由于经常逃课玩游戏,是郑强伟重点关注的学生,为此郑强伟没少与其谈话,跟杨某的家长沟通,此时,杨某的母亲正居住在学校周边的某所旅社。想到这,郑强伟以为杨某同学又出了状况。他接通电话,电话那头却传来了微弱的声音,断断续续地说道:"郑老师,我的心脏病复发,麻烦你……"后面的话就完全听不清了。

通过初步判断,郑强伟意识到事情的严重性,心脏疾病复发可能在很短的时间内造成人的意识模糊,如果得不到及时救治就会休克甚至死亡。怎么办?学生家长在电话里面没有告知具体所在的住处!忙乱中郑强伟想到给学生杨某打电话,一遍一遍,电话里传来的却是无止境的嘟嘟声。不敢多想,郑强伟放下手头工作,决定先赶到后湖小区再见机行事,可心中却仍旧忐忑不安,后湖小区那么大,这样找下去无异于大海捞针。郑强伟尝试着再一次拨通了学生的电话,却依然无人接听。

时间就是生命!多耽误一秒钟,生命就会多一分危险!郑强伟强迫自己冷静下来,想想办法。突然想到学生的 QQ 空间可能有家长的照片,果不其然找到了。有了照片,郑强伟开始一家家旅店询问。打听了四五家旅馆依然无果,这时手机突然响起,杨某的声音从电话那头传来,郑强伟什么也顾不上,急忙询问杨某家长旅馆的具体位置,一边向目的地狂奔,一边告知学生具体情况,叮嘱其赶快到现场,并注意安全。

找到旅馆,向服务人员说明了情况,确认房间号,与服务人员来到了所在房间。打开门的瞬间,只见学生家长躺在床上,脸色泛白,身体抽搐着,意识已经十分模糊了。郑强伟从来没有遇到过这种情况,也不知如何处理,只能先打120 急救电话。又突然想起,包里可能有药,慌乱地扫视了一下房间,在床头发现了家长的随身包。几乎是颤抖地打开拉链,当速效救心丸出现在眼前,泪水都已经在眼眶里打转了。郑强伟来不及多想,单手扶起家长,在服务员的帮助下,给家长服下药,并将家长身体放平,希望能让家长更易呼吸。

时间一分一秒地过去,每一秒都是煎熬。当救护车的警笛声响起时,郑强伟"嗖"地从椅子上起来去迎接。经过医生简单的救治后,暂时没有生命危险了,但还需要去医院观察。这时,学生杨某也赶到了现场,止不住地哭泣,全身颤抖。但旅馆楼梯太窄,担架太宽抬不进去,只能将病人抱下楼。郑强伟几乎想也没想,说了句:"我来!"一切准备就绪,等坐到救护车里,衣衫早已湿透。

　　到达医院后,郑强伟先替学生家长办理了入院手续,垫付了医药费;在家长进入抢救室后,他替家长在医院超市买了些简单的日用品,以备家长住院所需。抢救的过程是漫长的,学生杨某六神无主,十分紧张,郑强伟看在眼里,轻轻地拍了拍他的肩膀,陪学生说了说话。同时积极与学院领导取得联系,汇报相关情况。

　　郑强伟一直等到家长苏醒才离开。从医院回来已经是晚上九点,拖着疲惫的身体,看着路上川流不息的车,虽然累,但他内心却很满足。

　　经过了这次救人事件,郑强伟与学生杨某相处得更加融洽了。杨同学一改往日的学习态度,成绩也比以前好多了。现在杨某已经顺利毕业并找到了一份满意的工作。作为一名辅导员,作为一名老师,郑强伟说:"能为学生做一些力所能及的事情,并改变学生,是我最骄傲的事情。"

## 14. "急救"护士巴厘岛救急

2014 年 6 月 24 日,中南大学湘雅三医院急救中心护士李梅与在岳麓区城管局工作的丈夫赵欣在印尼巴厘岛度蜜月。22时30分许,他们正在某酒店游泳池游泳,忽然听到旁边有人呼救。循着呼救声,他们发现旁边的深水区有人溺水了。夫妻俩立刻赶到那里,赵欣迅速跳下泳池,把一个溺水的小伙子拉出水面并奋力推举他上岸,身为护士的李梅则立即对溺水者进行检查,发现其意识丧失,呼吸停止。

李梅马上调整病人至平躺卧位,控水,胸外按压,并指导小伙子的女友对他进行口对口人工呼吸……经过约10分钟的急救,小伙子逐渐恢复了意识和呼吸。此时,他们所在酒店的服务员已经拨打了急救电话,考虑到救护车到现场还需要一段时间,虽然溺水者已经恢复意识,呼吸也有了,但担心溺水者脑缺氧引发后遗症,李梅建议由酒店专车将小伙子赶紧送往当地医院进一步治疗观察。在当地医院观察治疗三天后,小伙子健康出院。巧合的是,被救的小伙子也是长沙人,经历此事之后,他和李梅夫妻成了好朋友,相约一同回国。

小伙子说,他平常水性还不错,当时是在教女朋友游泳,没想到两人鼻子里同时进了水,一口气没有喘上来都被呛到了。岸上的朋友看到后赶紧把他的女朋友拉了上去,却因以为熟悉水性的他在开玩笑而没有及时救他,直到他开始下沉,叫了几声也没应,大家才意识到情况不对,才开始向周边的人求救。事发当时已经很晚了,酒店游泳池的专业救护人员都已经下班,幸好有急救中心护士李梅在场,把他从死亡线上拉了回来。"如果当时不是梅姐在场,我这条命就没了!她真是我的救命恩人!"小伙子感叹道。

### 15. 湘雅医院救助九旬抗战老兵

2014 年 9 月 11 日,网友"小涵纸在迷茫"在新浪微博求助:抗战老兵蔡先政病重,心脏水肿导致全身水肿,皮肤已经肿到发光,唯恐破水。且配发有老人全身高度水肿,双腿肿大如象腿,眼睑肿大如核桃且近似透明,双眼不能睁开的图片。微博中称:老人家庭贫困,且由于老人年纪过大,病情危急,家人不愿贸然送医,希望借助网络,得到救助。

据了解,今年 91 岁的蔡先政,是湖南岳阳汨罗市黄市乡人,1939 年入伍,是原国民党 58 军 11 师通信班班长,参加过著名的"长沙会战"。1945 年抗日战争胜利后,蔡先政就回了老家汨罗。

求助信息发布后,得到了包括湖南卫视著名主持人何炅等数万网友的广泛关注。网友在转发信息进行爱心接力的同时,积极向"小涵纸在迷茫"推荐中南大学湘雅医院。

2014 年 9 月 16 日,"小涵纸在迷茫"向中南大学湘雅医院新浪官方微博发来私信,希望医院能伸出援助之手。湘雅微博编辑在核实信息的真实性后,第一时间向医院进行了汇报。

湘雅医院院长孙虹在得知蔡先政老人的情况后表示:如果老人和其家属愿意,湘雅医院可以组织专家团队,尽全力把老人安全地接到长沙进行免费治疗。"蔡先政老人是抗日英雄,救治他是我们应尽的责任"。医院领导班子对此事高度重视,当即作出指示:立即摸清老人的基本病情,并调派相关领域的专家赶赴当地进行会诊救治;医院相关部门要密切配合,全力救助老兵。

时间就是生命!为了提高诊治效率,湘雅医院与汨罗市人民医院取得联系,于 9 月 17 日下午将老人接到汨罗住院。通过远程沟通掌握了老人基本病情后,派心血管内科专家张赛丹教授和感染病科专家谢玉桃教授,即日赶往汨罗市人民医院。

当日晚上 7 点,赶到汨罗的张赛丹教授和谢玉桃教授,立即为蔡先政老人进行了细致的身体检查,并进行了会诊:蔡先政老人系冠心病心衰晚期,合并肺部感染,且有待常规检查明确其他合并症。但是由于老人病情非常严重,随时有心跳骤停、急性肺水肿死亡危险,远道转院中途风险更大,所以最后确定就地治疗。随后,湘雅两位专家和汨罗市人民医院专家进行紧急研讨,为老人制定了整套详细的治疗方案。

9月18日,老兵蔡先政的儿子蔡汝兵给湘雅医院打来电话,称其父亲已经从汨罗市人民医院出院并回到自己家中。原来,17日晚11点多,蔡先政老人拒绝输液和相关检查,并一直嚷着要回家。禁不住老人的执拗,18日一早,汨罗市人民医院将蔡先政送回了老家。

湘雅医院在得知该情况后,派出急诊科曾凤医师、胡颂红护士、志愿者黄素娟和沈颖,于19日上午一同赶到位于汨罗黄市乡瑞灵村的蔡先政老人家中看望。给老人完善体格检查、送上相关治疗药品,向老人一家转达了孙虹院长的意见,希望接老人到湘雅医院治疗。

"哪里都不去。"听说湘雅医务人员的来意之后,蔡先政老人很抗拒,一直摇头。这时,蔡汝兵把志愿者拉到一边,透露了老人的心思:"他始终不愿离开老家,是因为病情太严重,他自己担心出去之后就可能再也回不来了,所以对住院很抵触,包括这次到汨罗住院是我们霸蛮把他抬上救护车的。"

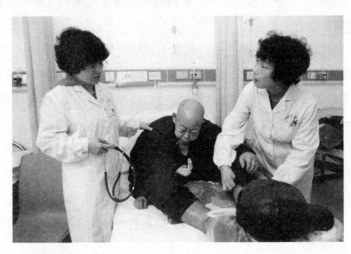

"我们现在能做的,就是细致地照顾,帮老人尽可能减少一点痛苦"。蔡汝兵是独子,他的两个女儿也早已出嫁,妻子又体弱多病,平时照顾老人的任务就全落在了他身上。"父亲生病前,我还出去干点零活补贴家用,但现在我一刻也不敢离开,家里便断了经济来源,生活越来越困难。"蔡汝兵告诉记者,父亲现在每天不仅要洗三次澡,还要服药,用大量的尿不湿、卫生纸等,"可这些都得要钱啊"。在与家属沟通后,湘雅医院持续为老人提供药物,以维持基本治疗,改善他的生存质量。


### 16. 周亚明"找上门"献血

2014年9月11日,冶金与环境学院冶金1104班周亚明与同学一起在图书馆复习准备考研。学习中途为了放松身心,周亚明拿起手机刷起了中南大学贴吧。一条"急求O型血"的求救信息映入眼中,想到自己是O型血的周亚明,立马打开帖子看了详细讯息。贴子中李女士讲述了自己的母亲因为脑癌恶化急需手术,却因长沙血库O型血告急不能供血导致手术无法进行。在与同学甄别真假后,周亚明立马拨通了帖子中留下的联系方式。经过电话中的短暂沟通,周亚明大致了解了情况,立马与同学一起前往约定地点献血。

在公交车上的周亚明与同学反复斟酌了这件事情,认为李女士所言应当不假。不知道自己血型的同学也想伸出自己的援手。下车后,周亚明和同学与求救的李女士在一个爱心献血点碰了面。见到周亚明之后,李女士欣喜万分,连忙对周亚明表达自己的感激之情。在确认血源条件后,周亚明献出300ccO型血,同样热心的同学因血型不匹配没有献血。有了周亚明同学的献血,血库接着对李女士的母亲进行了供血,当天下午便进行了手术。手术非常成功,李女士的母亲也因为周亚明的供血获得了生命的延续。

献过血后,李女士与周亚明同学说起了自己的家庭情况。原来李女士家住常德市,为了母亲的病来湘雅医院治疗。由于她母亲脑瘤恶化迅速,半月前的一次手术也出现了供血不足的问题,但因为家中同样有人是O型血而得以化解。因为一次献血后规定半年内不能二次献血,而李女士的亲戚朋友中再没有O型血,这才想到上网寻求帮助。李女士说,此前,有两个女生赶来献血,但是因为太瘦弱未达到规定献血标准而不得不放弃。

献过血后,李女士用自己的车送周亚明和同学回学校。上车前,李女士购买了很多补血的营养品,并将1500元钱送给周亚明同学。在李女士的强烈要求下,周亚明同学暂时收下了钱。但是在下车时,周亚明同学偷偷将1500元钱放在了李女士后备箱的座套夹层里。

事情发生后的第三天,周亚明同学向李女士询问了李奶奶的身体情况,得知恢复情况良好后才终于放下了心。

这年除夕夜,李女士给周亚明发了她一家一起吃年夜饭的照片,奶奶的身体已经完全康复了。

献血后,周亚明继续自己努力读书考研的生活,并没有告诉身边的其他人。但是随行的同学认为他精神可嘉,将这件事告诉了周围的同学以及老师。这样才使周亚明"找上门献血"的事迹得以外传。

在周亚明看来,这只是一件"自然而然的小事而已,不足挂齿"。在他的老师和同学看来,周亚明的善举虽小,但向社会传递了一股暖流;善举虽凡,但帮人延续了生命。善小常为,积小善成大善。善行因他人而感召,善行也会感召更多的人,这就是正能量的良性循环。有更多的良性循环,也会有更多的"自然而然"。

### 17. 骑行路上专业救人

2014 年 10 月 2 日,秋高气爽,阳光明媚,中南大学化学化工学院博士生金冠华和校团委组织部几位同学利用国庆假期,骑行去宁乡香山冲采风。

下午 3 点多,行至宁乡县 614 乡道一拐弯处时,一行人听到一声怪响,看到一辆大卡车与电动车发生刮碰,电动车当场报废,骑电动车的阿姨当即被撞飞,倒在路旁呻吟,鲜血直流。当时场面十分混乱,一行人见状马上在路旁停车,金冠华立刻拨打了 120 急救电话,并将肇事司机拖住。见村民移动伤员可能造成二次伤害,湘雅医学院临床医学八年制 1205 班张孟秋等人立即予以劝阻,并利用所学医学知识展开现场救助。冶金与环境学院能器专业 1301 班刘越同学等人在现场维持交通,缓解了公路出现的拥堵,为救护车的及时到达疏通道路,同时还让陆续赶过来的村民拨打了伤者家人电话。看到整个团队好像一个专业化的救灾抢险队,村民也自觉地听从指挥,配合行动。

大概半个小时之后,伤者的家人陆续赶到,救护车到来,金冠华一行人看到伤员已经得到妥善救治才离开。第二天返程,由于担心伤者的安危,一行人专门前往宁乡人民医院看望受伤阿姨。但是当时情况紧急并没有留下联系方式,一行人在医院通过查询救护车出勤情况才最终找到伤者。当时阿姨正在重症监护室抢救,尚未完全脱离危险。他们找医生了解病情,主管医生说,幸亏当时采取了及时、正确的救助措施,否则伤者现在的状况会更糟。

之后一段时间,金冠华等人还经常和她丈夫联系,问候阿姨安危,直到阿姨脱离生命危险,出了重症监护室。

### 18. 一群老师救护车祸学生

2014 年 11 月 15 日 11 点 40 分,正是学生下课的高峰期。一位女同学骑着自行车出了新校区的大门,和往常一样准备回南校区吃午饭。在路过靳江路的一个小巷子时,突然,一辆面包车从里面快速冲出,"嘭"的一声,将这位女孩重重地撞到了地上,不能动弹。

当时路边的同学很多,但束手无策。听见一阵急刹车和人们叫喊的声音,刚刚参加完中南大学教职工趣味运动会、途经此地的航空航天学院党总支副书记邓栗，副院长梁步阁，办公室主任陈建群，班导师赵党军，辅导员李淼磊、连选，冶金与环境学院辅导员胡寒等立即停下车跑了过去。

这时有几位材料科学与工程学院的同学说，受伤的女孩是材料学院的，当时骑车在路边正常行驶，面包车从小巷里驶出，既没有打转向灯或鸣笛提醒，也没有限速慢行。由于车速过快，女孩躲闪不及被撞倒在地。

见到受伤学生躺在地上，老师们小心翼翼地将其扶起，送到马路边坐下休息，三位辅导员蹲下身子围护在受伤学生身边，询问学生的身体状况，密切关注其精神状态："现在脑袋还晕不晕了，身体有没有别的地方不舒服？"在安抚学生情绪的同时，胡寒立刻拨打了122和120急救电话，通知交警和救护车。

邓栗得知伤者是材料院学生后，迅速联系材料学院有关负责人，告知他大致情况。

此时肇事车辆突然发动想要离开，老师们当即拦住，不准其离开现场。

10多分钟后，交警赶到，老师们积极提供事故发生的具体情况，协助交警处理肇事车辆。三位辅导员自始至终一步不离地守候在受伤同学身边。等候20多分钟后，救护车来到现场，老师们立即简述伤情配合医生现场救治，随后与赶到的材料学院老师一起将伤者送上救护车。

看到车祸得到妥善处理，目送交警和救护车驶离，大家才悄然离开了现场。

第二天,这位同学在微博里说:"感谢那么多老师为我做主,感谢热心的辅导员和同学们对我的关心与帮助。"

### 19. 龚昊立挺身施救地铁男子

2015年3月4日17点36分左右,从望城坡驶往光达方向的地铁上,一名男性乘客突然抽搐呕吐,晕倒在座位上,占了几乎一长条座椅,随后口吐白沫,身上沾满了吐出的秽物。乘客不知所措,没人敢上前帮忙。

列车很快到达了芙蓉广场站。正在湘雅二医院读研的骨科医生龚昊立和他的两名同学随人流上了这节车厢。

列车起步运行,龚昊立发现不对劲,自动门右边空闲位置多,另一边却挤满了人。"怎么回事?"他环顾四周,发现了这位生病的男子。

"可能是突发癫痫!"出于救人的本能,龚昊立没多想就走了过去。扒开人群,奔向男子。

"你怎么了?醒一醒!"龚昊立摇了摇男子。没有回应。龚昊立随即触摸男子的颈动脉,迅速判断男子还有生命体征,但呕吐物可能已经堵塞气管,随时可能窒息。

于是,他和同学当即将满身秽物的男子抬到地上,使其平躺在车厢地面,抬起了他的下颚帮助其呼吸,打开气道,又将其头部歪到一边,一可防止咬舌,二可让呕吐物流出,以防窒息。

实施完急救措施,龚昊立起身按下了地铁的紧急按钮,呼叫司机。

司机看见报警灯闪烁,做了相关处置,下午5时43分,地铁行至迎宾路口站紧急停车,自动门打开,空气对流。

龚昊立和两位同学将男子合力抬出车厢,轻放到站台,并向地铁站工作人员寻求帮助。工作人员及时赶到站台,并带来了急救箱。

经救助,男子病情逐渐好转,意识逐渐恢复。不久便站起身来,颤巍巍地走了几步,靠在墙上休息。又过了一会儿,男子表示自己已无大碍,便独自乘地铁离开了。

龚昊立终于舒了一口气,看到自己身上、手上粘上的呕吐物,才去洗手间清洗。

　　这不是龚昊立第一次救人。2014年他和导师毛新展教授在长沙飞往北京的飞机上，成功抢救了一名突发心梗的病人。"老师经常教导我们碰到这类突发状况必须毫不犹豫地救人，这也是医生的职责所在。"龚昊立说，"我感触最深的一件事，是去年深圳地铁站一位女子晕倒，近50分钟无人施救后死亡。我仔细看了这个视频，很难过，无数次地想过自己遇到类似情况一定要挺身而出。"

### 20. 郑传均桂林勇救落水女童

　　2015年4月27日下午，桂林市榕湖旁，一位年轻妈妈带着一名女童在湖边游玩。突然，女童从岸边落入水中。路过此处的中南大学商学院经贸系郑传均副教授跳入水中将小孩从湖中救出。

　　与郑传均老师同行的学工办王皓老师回忆说："当时听到一个女声呼救，在旁人还没来得及反应之时，只听到扑通一声，连衣服鞋子都没来得及脱下的郑老师已经跳入水中，飞快地游到小女孩身边，将她托起。快到岸边时，一块大石头也许是水浪的激荡，突然往水里翻去，差点砸到水里的郑老师身上"。

　　年近半百的郑老师对救人一事很坦然。他说，当时跳入水中救人是一种下意识的反应，其他的没有多想，也来不及多想。

　　王皓说，救人这事也的确来不及多想的，想多了，事就耽搁了。但救人者的下意识也是源于平时的修养。

　　王皓想起了郑老师曾经对学生说过的一段话："我的人生经历或许无法被复制，但我想在言传身教中告诉我的学生：多读不一样的书，多尝试不同的人生体验，成为大气和有情义的人。做一个大气而有情义的人必须去功利。如果用功利的态度去做事，就会过于权衡成败，容易带来种种压力和负担，但如果能够做到享受付出的过程，专注于事情本身，那就不会患得患失了。没有功利的思考就能形成一种自然而然地把事情做好的习惯。"

　　郑老师是这样说也是这样做的。有次晚上上课，教室外边突然冒烟，郑老师一边疏散学生下楼，一边打了119报警。同学们出来后，却发现他没出来。

等找到郑老师的时候,他轻描淡写地说:"去巡楼了,看看还有没有晚自习睡着的同学。"

"没有功利的思考就能形成一种自然而然地把事情做好的习惯"的言传身教,2014年郑传均被评为"中南大学优秀班导师标兵"。

### 21. 万米高空上演生死营救

"女士们、先生们,本架飞机预计20分钟后抵达目的地大连,地面温度是24℃。飞机准备下降,请您回原位坐好,系好安全带,收起小桌板,将座椅靠背调整到正常位置。谢谢!"2015年5月8日,由长沙飞往大连的厦航MF8035航班抵达目的地上空。

湘雅二医院党委副书记薛志敏教授特地看了一眼时间:13点20分。正感慨一切顺利,航班广播又重新响起,声音急促:机上第54排一位60多岁的老人突发紧急状态,口吐白沫,牙关紧闭,四肢抽搐。空姐收到呼救,随即发出求助广播。气氛瞬间紧张起来。

"我们是医生!"

听到广播后,薛志敏及同行的肖树副主任护师等医护人员来不及多想,立即起身离开座位,前往救治。

来到老人身边时,老人已经昏厥过去。全身抽搐,意识丧失。"从症状上判断,可能是癫痫发作,需马上放平。"一边讲述患者病症和初步判断,薛志敏和肖树等一边采取行动:合力将老人放平,并把他的脸侧向一边,以打开气道,避免窒息。

肖树是麻醉科的护师,对气道管理方面很熟悉。他们随即要求空姐拿来毛巾和金属勺子,用勺子艰难地把老人的牙关撬开,让口角的分泌物流出,并让老人咬住毛巾,避免咬破舌头。

这时,空乘人员也拿来了便携氧气瓶,他们迅速给老人扣上氧气面罩,托起他的下颌,密切观察老人的生命体征。

2分钟后,老人抽搐逐渐停止,意识却仍然不清,躁动不安,并尝试坐起……

此时飞机正在下降,为了保证安全,薛志敏不顾自己的安危,双手护住老人肢体,肖树护着老人头部,和空乘人员一起,稳稳地将老人固定在座位上。

飞机仍在下降。经过十余分钟的紧张抢救,老人的症状得到缓解,并逐渐清醒。所有人都松了一口气。

此时,有乘客问及发病原因,薛志敏说:"可能是机上空间狭小,下降时,舱内气流气压产生变化,引发了老人的癫痫。"

13时40分,飞机成功降落在大连周水子机场。地面救援人员赶紧上机,将老人送往当地医院。

"这是一场和时间赛跑的搏斗。"薛志敏事后回忆时说,"当时如果不进行急救的话,可能会引发其他并发症,甚至窒息。"

### 22. 一份捐献遗体全部器官的志愿书

2015 年端午节前夕,中南大学商学院管理科学与工程专业博士研究生龚旭走进了湖南省红十字会人体器官捐献办公室,在"中国人体器官捐献志愿书""湖南省角膜捐献志愿书"郑重签下自己的名字,成了湖南省首位在校博士生志愿捐献遗体全部器官第一人。

年仅 27 岁的龚旭,为什么会有无偿捐献全部器官的意愿呢?

龚旭的这个念头并非心血来潮。他说:"早在五年前,湖南人文科技学院大学生蒋小波无偿捐献眼角膜的事迹就深深触动了我,而让我最终产生无偿捐献身体器官这个念头的,是中南学友尹琨善举的激发。"

2015 年 5 月,龚旭无意中在校园网站浏览到一则新闻:中南大学机电学院的硕士研究生尹琨志愿为配型成功的白血病患者捐献造血干细胞。这则故事再次掀起了他内心的波澜,他对生命的意义和人生的价值有了更深层次的感悟:人要活出大爱,当离开这个世界后,自己的器官能为他人造福时,那就是自己生命的延续。"做一名遗体器官捐献者,最大限度地延续生命的价值",这信念在他心底生根发芽。

这年端午节前夕,在说服家人同意后,龚旭在好友的陪伴和见证下,走进了湖南省红十字会人体器官捐献办公室,签下了这份人生中最有分量、最有意义也最特殊的协议书。

心有善念,必有善举。平时生活中,龚旭是一个真诚善良友爱、热心助人的青年,他在中南大学读本科时,就是所在学院青年志愿者协会的副会长,经常牵头组织爱心公益活动,把参加各项公益活动当作大学的"必修课",敬老院送温暖、农村中学支教、汶川大地震爱心捐款等各类爱心公益活动,都刻下了龚旭的身影。在中南大学读研和读博期间,龚旭进一步把做公益的脚步延伸得更加宽广,暑期社会实践活动更加关注民生问题,积极投身环境保护公益活动,还经常运用所学义务为企业做市场调查。他把社会实践和关注民生当作校园生活的重要部分。

"小龚在学习上那也是顶呱呱的!"一提起龚旭,他的老师和同学都竖起了大拇指。这位被同学们称之为"学霸"的"80后"博士,读研期间因学业成绩出类拔萃,两次获得国家研究生奖学金、三次获得校级"优秀研究生"称号。到目前为止,龚旭已主持湖南省研究生科研创新项目1项,中南大学研究生自主探索创新项目1项,参与包括国家自然科学基金重点项目在内的国家级项目3项;已发表或录用学术论文11篇,其中4篇被SSCI检索(含3篇为ESI1%高引用论文),4篇为国家自然科学基金委管理学部指定的A类重要期刊论文。

看着自己签名的"中国人体器官捐献志愿书",龚旭每天的生活都感受着爱与责任的温暖之光。

### 23. 湘雅医院全力救治勇敢女孩

2015年5月22日傍晚,家住长沙市望城区茶亭镇戴公桥村的周美玲吃完晚饭后随妈妈一同在家附近的公路旁散步。正和妈妈说说笑笑地走着,小美玲突然看见有个两三岁的小男孩冲到丁字路口,可能是想穿过马路回家。正当小男孩快跑到路中间的时候,一辆后八轮渣土车向他开了过来。

在这紧要的一瞬间,13岁的周美玲冲到路中央,用力将小男孩往回扯,两人摔倒在一起,小男孩压在周美玲身上。随即,周美玲又用力一推,将小男孩推到路边安全地带,自己却没来得及爬起来……

周美玲再次醒来的时候,已经躺在了湘雅医院的病床上。

当时周美玲被渣土车撞上,左小腿严重受伤。村民赶紧拨打 120 急救电话,周美玲被紧急送往中南大学湘雅医院抢救。小男孩周运龙在周美玲的竭力保护下毫发无损,而周美玲的左小腿却被严重轧伤,需要做植皮手术治疗。

病床上的周美玲把头转向身旁的妈妈胡金华,闭着眼睛,牙齿紧紧咬着自己的嘴唇,嘴唇已微微破皮,但她没有哭泣,也没有呻吟,只是偶尔能听到她那微弱的啜泣声。"现在虽然没有生命危险,但孩子痛得整夜睡不着。"胡金华说。面对看望她的人,小姑娘苍白的脸上依然努力地保持着灿烂的笑容。

周美玲回忆说:"我当时没想那么多,我只是想去救他。所以我就去拉他,之后发生了什么我就不知道了。"

为了让小姑娘的腿能够尽快恢复,可以像别的女孩子一样穿裙子,湘雅医院组成了强大的医疗护理专家团队。6 月 8 日,显微外科主任唐举玉教授团队采用国际领先的穿支皮瓣技术为周美玲实施手术治疗。

这天上午,中南大学湘雅医院党委书记肖平、院长孙虹、副院长雷光华一行特意赶在手术开始前来到骨科病室,为周美玲加油打气,缓解小姑娘对手术的恐惧和担忧。

妈妈胡金华拿出了女儿昨晚写给医生们的信,肖平看完后,笑着称赞说:"你的字写得不错,我还看到你拿了很多奖状,真是一个优秀勇敢的孩子。"孙虹仔细观看了周美玲受伤的左小腿,向医护人员询问了周美玲的病情后说:"我们会安排最好的医生,让小英雄重新站起来。"


### 24. 老专家高铁急救腹痛乘客

2015 年 5 月的一天,从广州南开往北京的 G66 次高铁已平稳地行驶了一个多小时,进入湖南境内。15 号车厢中,刚刚结束江门探亲旅程,带着老伴回湘雅医院看病的柯铭清教授,正在闭目养神。这时,突然传来一个紧急广播,打破了列车的宁静,柯铭清教授凝神一听,只听见广播中一遍遍焦急地呼唤:"寻找车上医生! 请到 8 号车厢看病人!"

柯铭清教授是湘雅医院的退休老教授,有着数十年的临床经验,而他的老伴也是在湘雅医院工作的医师。虽然已经不在临床一线工作,但柯铭清教授心中始终牢记着自己作为一名医生、一个湘雅人的责任。对于 8 号车厢病人的突发状况,他十分焦急,于是跟自己身边的老伴商量:"如果没有医生在,我可以帮上忙;如果有医生在,我也能在旁边提供一些建议。"尽管老伴仍在病中,他还是带着随身备用的急救药盒,前往病患所在的车厢。

柯教授已经 80 多岁了,列车一直摇摇晃晃,对于柯教授来说,这几节车厢的距离比年轻人遥远得多。柯教授内心十分焦急,生怕错过了病人最佳的治疗时间。幸好这时有一位列车工作人员发现了他,在得知柯教授是前去 8 号车厢诊断病人后,他连忙扶着柯教授从 15 号车厢赶到 8 号车厢。

围观的众人见柯教授提着药盒过来了,连忙为柯教授让开一条路,只见 8 号车厢餐车的长椅上,躺着一位 30 岁左右的女子,表情十分痛苦。大汗淋漓的柯教授只擦了擦脸上的汗,便询问这女子一些问题,女子张嘴想说话,却痛得发不出声音,只是使劲用手捂着肚子。柯教授心里一沉,赶紧上前为患者把脉,发现患者虽然脉搏低沉,但是心率正常,经验丰富的柯教授最先排除了最危险的突发心血管疾病的可能性。柯教授转念一想,最危险的情况虽然没有发生,但患者的病因却还没查出来。他观察到患者一直捂着肚子,便猜想应该有可能是肠胃问题,或者是女性生理疼痛。柯教授决定试一试,他询问一直在一旁守候的列车长是否可以用药,列车长沉吟了一下,此时女子突然又是一阵痛呼,列车长立即决定,让柯教授为患者用药。

柯铭清教授便从随身携带的急救药盒中找出能够缓解痉挛疼痛的山莨菪碱,扶起患者的头,细心地帮助患者服下。柯铭清教授突然想到,这名女子可能是早晨赶火车没有吃早饭,他便要列车工作人员冲一杯糖水,为女子补充血糖。经过一系列的紧急处理后,柯教授不断提醒列车长,如果 20 分钟后病情还未缓解,那恐怕情况十分危险,需要向调度部申请紧急停车。

不幸中的大幸是,柯铭清教授为女子服下的药物起了作用,不一会儿女子疼痛缓解,恢复了意识。周围的工作人员与旅客都松了一口气。

柯铭清教授又仔细询问了女子的身体情况,正如他所猜想的那样,女子今天为了赶车并没有吃早餐,而是喝了减肥茶,减肥茶本身就含有促进腹泻的成分,在双重刺激下脆弱的肠道不堪重负而剧烈疼痛起来,才导致她因疼痛倒下。说起这些,女子有些不好意思,连声向柯铭清教授道谢。同车厢的人对柯铭清教授也是赞不绝口。柯铭清教授笑笑,又在摇摇晃晃的列车中慢慢走回去。

### 25. 微举释大义

2015年6月16日下午,如往常一般,中南大学学工部于谦离开宿舍前去上班。当他走到校本部第一办公楼和第二办公楼之间时,一名三十出头的男子正趔趔趄趄地走着,引起了他的注意。六月的长沙早已进入酷热季节,此时正是艳阳高照、气温最高、极易中暑之时,于谦觉得那名男子情况不妙,很可能是中暑了,他便加快步伐,欲追上前问候。忽然间,那男子身形晃荡,作向前跌倒状,而后又向后倾,眼看就要倒地,于谦毫不犹豫地冲上前去,伸出双臂欲将他托住。当他双臂架住该男子时,该男子身体的重量压在他身上,他险些向后摔倒。他站稳脚跟后,急忙招呼过路的几位学生一起将该男子搀扶到路边的树阴下,并将公文包垫在男子头下,尽可能用身体遮挡刺眼的阳光。因为事发地点距离校医院比较近,且病情亟待专业医务人员处理,他立即联系到校医院的医生,说明相关情况。此时,于谦的同事杨鑫山和杨镇等看到这场面也前来帮忙。

片刻后,中南大学职工医院医护人员赶到现场,经过紧急检查处理,医生说该男子只是暂时失去意识,需立即送往医院,作进一步治疗。听闻男子暂时没事,于谦心中的不安才稍稍缓解。就在于谦等人帮忙将男子送往校医院时,一位女子从远处匆匆跑来,看到倒地的男子,顿时心急如焚,说话带着哭腔。于谦便急忙上前,告诉她男子的情况,安抚其情绪,很快这名女子情绪稳定下来。她说病人是她弟弟,早先该男子被医院检查患了某种疾病,有过相应治疗,最近情况刚有好转,今天下午本来是要到医院去复查的,不过弟弟执意要自己去,她不放心,就追了出来,看到了眼前的一幕。

他们拦车将病人送到医院后,经过医院的紧急治疗,最终恢复了意识。忙前忙后的于谦、杨镇和杨鑫山才离开医院。

### 26. 美国来了个"中国英雄"

2015 年,盛产"超人""钢铁侠"的美国来了个"中国英雄"。

美国当地时间 8 月 23 日,星期日,中南大学湘雅二医院心血管内科医生刘振江在美国成功抢救一位心跳呼吸骤停的老人,游客们纷纷竖起大拇指,称赞他为"Chinese hero"。

刘振江是美国心脏协会基础生命支持和高级生命支持导师。当时正受国家留学基金委委派至哈佛大学麻省总医院访学。

那天傍晚 7 时许,刘振江前往美国黄石国家公园游览。他忽然听到了呼救声,闻声而去,发现不远处一位老年游客已经倒地,正在地上抽搐。

他赶紧上前,检查老人的生命体征。"不好,心跳和呼吸都没有了。"刘振江心内一紧,立即实施抢救。他一边为老人进行徒手心肺复苏,一边请周边的游人赶紧拨打急救电话。

五六分钟后,当地急救人员携带相关急救设备赶到现场,和刘振江一起对老人进行抢救。

又过了几分钟,老人的心跳、呼吸逐渐恢复。刘振江又给老人用上当地急救人员送来的简易呼吸器辅助呼吸,直至老人心跳正常恢复,开始自主呼吸。

"Chinese hero!"目睹抢救过程的游客们,纷纷向刘振江竖起了大拇指。

而此时的刘振江仍然默默地帮助当地急救人员将老人送上急救车,以便老人可以尽快送往医院治疗。

面对游客的簇拥和夸赞,刘振江用英语说:"不管是哪个国家的人在生死关头,普通人都会出手相救,何况是救死扶伤的医生呢?救人是医生的天职,抢救一个病人,不算什么英雄,也就是我们中国人常说的'见义勇为'而已。"

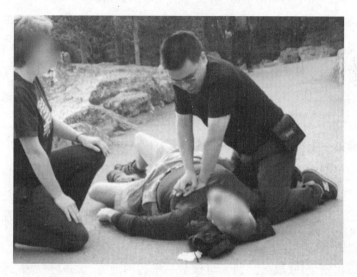

### 27. 狄成金机智施救落水儿童

狄成金,宁夏回族自治区中卫市人,中南大学信息科学与工程学院2014级在读本科生,测控专业1403班班长。2015年暑期,在中卫市,他凭一己之力机智救起两名落水儿童,成为同学们口口相传的"英雄"。

宁夏中卫市的暑期总是炎热而又干燥。2015年8月23日下午2点左右,吃过午饭的狄成金又像往常一样到离家不远的市体育馆旁的湖边散步。他一边散步,一边漫不经心地向湖中心看去,忽然发现,离自己一百多米远的地方有两个人在游泳,这时,一丝不安的感觉隐隐涌上心头。因为他很清楚,那个湖并没有被完全开发,浅水区的一半是被开发过的,可以供市民游泳,而那两个人所在的区域已属于深水区,平时是禁止人们到那里游泳的,那边也竖立着禁止游泳的警示牌。

觉得情况不对的狄成金快步向那两个人的近岸点走去,走到近一点的位置时他发现,那两个人看起来只是十一二岁的儿童,且在水中起伏沉浮,不停挣扎,却又喊不出任何声响。

狄成金自小就喜欢玩水,所以自小就学会了游泳,小时候还经常懵懵懂懂跟着大一点的孩子到黄河里游泳,没少挨父母亲责罚。

有着丰富游泳经验的狄成金迅速判断出这两个儿童已经溺水,但由于此时天气炎热,现场并没有其他人可以帮忙,他冷静地分析了自己的水性,觉得要独立救起两个孩子还是有困难的,但又不得不施救。凭着对这个湖的了解和此时的观察,他迅速选择了施救路线,边跑边脱去身上的衣物,到达选定的入水点,一头扎进湖水里,向离自己较近的孩子游去。

游到第一个孩子身边时,那个孩子无力地从口中吐出了"救我"两个字后,又喝了一口湖水,好像还想说什么,就沉了下去。狄成金立即拉住孩子的胳膊,扯着他就往目测最近的浅水区游去。狄成金一边观察目标点,一边回头观察另外一个待救孩子的情况。到了浅水区后,他发现这个孩子的身体情况尚好,就让他从浅水区走回岸边,自己则马上往回游,去救第二个孩子。

为确保安全,狄成金游到了与孩子一米远的地方,大声呼喊着,希望那个孩子把手伸过来,但孩子此时由于溺水时间过长,已经无力伸出手臂。眼看着那个孩子的脸色已经发白,情况十分紧急,狄成金也顾不了许多,迅速游过去,一把扯住孩子的肩膀部位,用手夹在孩子的腋下,拖拽着奋力地向浅水区游。由于来回折腾,他深感体力不支,但他以顽强的意志激发自己不放弃不松懈,直到游出了深水区,他才稍稍松口气,然后一直将这个孩子护送到岸边。

时隔半年后再谈起营救第二个孩子的情形时,狄成金仍然心有余悸,"可以肯定的是,第二个孩子所在的地方水位更深,当时我自己的体力也被消耗了很多,那样莽撞地游到他身边,很有可能人没救上来,自己也陷入危险之中。"

上岸后,两个孩子躺在岸边,呕吐出不少湖水。待他们身体状况逐渐恢复,确认无大碍后,狄成金嘱咐两名孩子立刻回家,并叮嘱他们以后千万注意安全。

待孩子离开后，他也无力地穿好自己的衣服离开了。

事后，两个孩子的家长通过狄成金一个朋友找到了他，向他表示了感谢，并拿出现金和物品送给他，但被狄成金一一拒绝了。

"我自己一个初中同学就是溺水身亡的，我明白那些溺水的人的感受，他们在那里挣扎，见到任何可以求生的东西就会紧紧抱住不放，那是人生存的本能，所以遇到这种情况，不可能袖手旁观，见死不救，但要理性施救，尽量避免'双亡'。"

在别人身处险境时，临危不乱伸出援手，机智勇敢地传递中南学子的青春正能量，正是"向善求真""知行合一"的中南文化精神的完美体现。2015年12月，狄成金因为勇救两名落水儿童，被评为中南大学"见义勇为"道德模范。

### 28. 辅导员胡寒的欣慰

2015年11月6日下午1点40分许，天下着蒙蒙细雨。中南大学冶金与环境学院辅导员胡寒像往常一样从校本部开车赶往新校区教学楼陪同大一学生上新生课。

行至新校中南体育场时，胡寒赫然看见马路右侧一大群学生围在了一起，心想是不是发生什么事情了，便有意放慢了车速。透过人群，她隐约看见一个男生倒在地上，不远处一辆自行车倒在了一边，前轮挡板被撞坏，周围散落着一些撞烂的碎片。

胡寒立即将车停在了路边，一边解释着"我是辅导员，请大家让一让"，一边挤进人群，快步来到倒地的男生身边。只见他头部出血，整张左脸都被擦伤，地上留了一道血痕。下嘴唇鼓起了一大块血肿，血水不停地从嘴里往外流，嘴唇已经完全变形。右膝和左手以及胳膊也不同程度受伤，一时无法动弹。

看到眼前的情形，胡寒判断这里发生了车祸，男生急需救助。她急切地蹲下身来，伸手扶在男生肩头轻声问道："你被撞伤了？现在感觉怎么样？""疼，头晕。""是否需要叫救护车？能否站起来？"男生回答"还好，应该能站起来。"胡寒马上安慰他："我是冶金与环境学院辅导员，现在送你去医院好吗？"她立即致电请示自己学院领导，简要汇报男生急需送医的情况，并就下午2点的新生课等相关工作临时请假。随后她招呼周边同学一起将男生扶起来，并指定一名学生帮男生把自行车推回宿舍，同时催促身边想帮忙送医的同学："我一个人就行，你们赶紧走，不要耽误了上课。"然后独自将男生扶上了自己的车，冒雨紧急送往校医院。途中见男生嘴巴一直在流血，她又停下车来，细心地用纸巾等帮其做了简单的伤口处理。

在车上，胡寒了解到男生是中南大学土木工程学院的学生。他在骑车上课途中被后面一位骑车的学生不小心撞了，由于惯性叠加，被甩出几米远，倒地时左脸蹭到了地上，身体多处受伤。得知具体情况，胡寒一边开车，一边让男生联系其所在学院辅导员，报告事情经过。

很快，胡寒带着男生赶到了校医院。在急诊室，医生对该生的面部伤

左三为胡寒

口进行了包扎,同时对其他的受伤部位进行了治疗处理,之后又为他输液消炎。看到男生得到及时救治,有条不紊处理完这一切的胡寒不禁长出了一口气,这才发现身上的衣服早已不知是被雨水还是汗水湿透了。直到男生的辅导员赶来医院,她才放心离开,再次赶往新校区完成下午原定的工作。

当天下午 3 点 16 分,土木院党委副书记杨鹰在中南大学学工副书记微信群发布消息,高度肯定胡寒老师路遇车祸第一时间停车救助、妥善应急处置现场的善举,代表学院向胡寒老师表示感谢,由衷赞扬"中南大学辅导员对学生的关爱无处不在"。看到消息,学生工作部、研究生工作部以及各学院领导纷纷给予"大大的点赞"和好评。那位男生的同学也在网上感言:"伤得挺重的,幸好来了位辅导员给送医院了。"

一段时间后,胡寒再次见到这位男生,看到他正在平复的伤痕,不断鼓励他。言谈中,男生高兴地告诉她,在被救助之后不久,他也以胡寒老师为榜样,主动帮助了一位同样因为车祸受伤的学生。

听到这样的消息,胡寒特别开心。作为一名辅导员,能够用自己的言行温暖和影响学生积极向善,传递爱的力量,传承中南精神,心中倍感欣慰。

### 29. 帮 3 岁女童找爸爸

2016 年 4 月 7 日下午 2 点 15 分左右,湘雅医院院前准备中心工作人员宋建如和往常一样经过一楼门诊投诉接待中心时,看到一名 3 岁左右的小女孩神情焦虑,一直在哭着喊"爸爸"。见小女孩没有大人陪伴,宋建如便上前询问,这才得知原来小女孩在与爸爸来医院就诊时走散了。

宋建如意识到问题的严重性,决定帮助小女孩找爸爸。他首先安抚好小女孩的情绪,随后将其带到门诊五楼院前准备中心办公室。中心办公室主任毕丹东了解到情况之后,迅速和保卫办、广播室、门诊办公室负责人取得联系,发动大家帮助小女孩找爸爸。

10 分钟后,小女孩的爸爸在保卫办工作人员和湘雅路警务室协警的陪同下赶到了院前准备中心,父女俩相聚了。"一时疏忽,把女儿弄丢了。幸好你们帮了大忙,不然我后悔都来不及。"小女孩的爸爸一边自责,一边对湘雅医院工作人员的帮助表示诚挚的感谢。

有鉴于此，毕丹东主任温馨提醒各位家长，大人看病时尽可能避免将小孩带到医院。一是医院人员复杂拥挤，怕小孩走失，落入人贩子手中；二是医院容易发生交叉感染。另外，应当让小孩熟记家庭住址、电话、父母名字，并经常对孩子进行应急安全教育。

### 30. 李碧娟机上施救

"快调一台轮椅。""什么事？""有个乘客晕倒了。""我去看看。""您是医生？那太好了！"……这是 2016 年 4 月 17 日长沙飞往北京的南航 CZ3127 次航班上，空姐和乘客的一段对话，在朋友圈里被纷纷转发，众网友都为这名医生点赞。这名医生是中南大学湘雅医院输血科主任李碧娟教授。

2016 年 4 月 17 日下午 4 时许，飞机已经落地，李碧娟已走到机舱门口，正准备出舱，忽然听到站在一旁的空姐在说："快调一台轮椅。"李碧娟看到了空姐紧锁的眉头和急促的话语，便问："什么事？"空姐解释道："有个乘客晕倒了。"李碧娟淡定地说："我去看看。"空姐一脸欣喜地问道："您是医生？那太好了!"李碧娟说:"是!"便马上转身往回走。乘客们马上为李碧娟让出一条道来。

李碧娟快速走到发病乘客身边,这名乘客坐在机舱中间的位置,是一位四五十岁的瘦弱女性。她的身体歪着,头靠在座椅靠背上,看起来非常虚弱的样子,坐在一旁的女儿双手扶着她。李碧娟见状,立即伸出手触摸其身体,发现她身体干干的,没有一点汗。李碧娟又将手迅速移至发病乘客的脉搏,只感觉到微弱的脉搏,大约40次/分钟。

李碧娟边检查边询问发病乘客的情况,其女儿告诉李碧娟,妈妈是第一次坐飞机,飞机下降的时候就感觉到身体不舒服了。李碧娟问发病乘客有什么反应,她艰难地挤出简单的几个字:"恶心、头晕、四肢乏力。"凭借多年的行医经验,李碧娟判断这名乘客是突发迷走神经反应。这种症状不会自然消失,必须通过紧急抢救才能缓解。如果脑部缺氧、缺血过久,很容易出现晕倒时造成的头颅受伤。

李碧娟的脑海中马上弹出施救措施。她赶紧说:"躺下,头低足高位。"发病乘客的女儿按照李碧娟的吩咐,将妈妈的腿抬到与座椅持平的高度,以增加脑部的血液循环。5分钟后,发病乘客症状已经基本消失,其女儿正忙着照顾妈妈,李碧娟悄然离开。空姐追问医生的姓名,李碧娟答道:"我是湘雅医院的医生。"说完转身走出机舱。

当记者问及为什么只留下医院名字时,李碧娟笑着说:"我是医生,救人本就是我的职责,能救人我很高兴,无须别人知道我是谁。"

### 31. 吴畏勇救轻生患者

"谢谢你的帮助,没关系……过几分钟就不需要了,反正我命苦……"2016年4月20日,中南大学湘雅医院老年病科吴畏副教授正在手术间隙休息,听到电话里病友张先生这样说,他敏感地觉得不对劲。

原来就在当天上午,患有晚期直肠癌的张先生因为腹部疼痛,前来湘雅医院就诊。然而,由于病床实在紧张,在吴畏向普通病房和统一预约床位的院前准备中心咨询后,仍然没有病床可以协调出来。吴畏只能安慰张先生先不要着急,下午再继续联系床位。

在下午的手术间隙休息时,吴畏想起张先生离去的情绪,始终还是放心不下,于是给张先生打了个电话,然而电话那头传来的话语却让他吓出了一身冷汗。

"谢谢你的帮助,没关系……过几分钟就不需要了,反正我命苦,上天对我不公平,我写完遗书就不活了……"电话那头的张先生带着哭腔说。

吴畏赶紧问他在哪,当得知他在医院楼顶时,吴畏立即想到张先生可能有轻生的念头。一边在电话里继续安抚他的情绪,一边赶紧写了张纸条给手术室护士周紫菊,请她向医务部和保卫办报告,派保安去楼顶。

很快手术结束,吴畏来不及换下手术服就冲出了手术室,直奔23楼楼顶。当时大雨倾盆,对于楼顶并不熟悉的他,急忙在雨中找寻张先生的身影。

当楼顶的围栏上的背影进入眼帘时,吴畏浑身早已湿透。他什么也顾不上,赶紧冲过去,一把抓住张先生的肩膀,把张先生紧紧按在围栏上,一边打电话给保安告知具体位置,另一只手紧紧地按住剧烈挣扎的张先生。5分钟后,周紫菊护士带着保安赶到,和吴畏一起救下了张先生。这时的吴畏才松了一口气,原来给他打电话的张先生当时只要身子稍稍一倾,就可能从楼顶掉下去。

在后来的交流中才得知,张先生两年前患上了晚期直肠癌,同时又发生了肝转移,之后又出现了肠梗阻,患病给家里造成了沉重的经济负担,加上今天腹部的剧烈疼痛,让张先生一时动了轻生的念头。

在事后谈起这件事时,吴畏说:"当时什么都没想,只想到不能让他跳下去,我必须阻止他,他才30多岁啊! 后来听保安说当时的围栏只到我胸口的位置,如果张先生挣扎太大,可能我和他都会一起掉下去。虽然事后想想有点害怕,但当时却只有一个念头———一定要救他。"

在把张先生送到急诊室并通知他哥哥后,吴畏又急急忙忙赶回手术室继续做下一台手术。

### 32. 好护士巧制导氧管救治缺氧患儿

2016年5月2日15:30分左右,中南大学湘雅医院神经内科41病室护士苏珊和父亲乘坐从北京开往南昌的G487次列车返回长沙。上车后不久,她突然听到列车的紧急呼叫广播:8号车厢有一位两个月大的先心病患儿突然病情危重,寻求医护人员帮助。

听到广播的那一刹那,职业本能使苏珊"条件反射"地迅速站起来,准备赶往事发车厢,不料却被旁边的父亲一把拉住,他非常严肃地对苏珊说:"孩子,你要三思而后行啊,他还是个婴儿,需要儿科护士,而你是一名神经内科护士,而且现在医患关系这么紧张,你这样过去救人,万一人救不过来,或者有什么闪失,你承担不起这个后果啊。"

可怜天下父母心。的确,现在这种医疗环境,作为一个非医学专业的父亲,和全世界的父母一样,首先想到的是怎样不让自己的孩子受伤害。但是,作为一名以救死扶伤为天职的医护人员,作为一名在湘雅医院护理一线工作多年的护士,面对这种紧急情况,苏珊又岂能坐视不管?

她含着眼泪和父亲说:"爸爸,我也是一个准妈妈,我不能眼睁睁地看着一个鲜活的小生命从我眼前流逝,如果我什么都不做,我怎么对得起一身白大褂,自己的良心又何安? 希望您能理解和支持我。"苏珊坚决地对父亲说:"爸爸,你要相信你的女儿,她是一名湘雅医院的护士,她受过专业严格的急救能力培训,别担心,等我回来。"时间刻不容缓,说完这两句话,她头也不回地从自己所在的 2 号车厢往 8 号车厢奔去。身后是爸爸的叮嘱:"孩子,要注意安全呐。"

到达现场后,苏珊发现孩子的情况非常不好,有明显的缺氧症状,脸色发青,不停地喘气,嘴里还插了一根细细的胃管。苏珊第一反应就是问妈妈是否正确使用了胃管,当得到肯定答案后,她排除了胃管误吸导致的缺氧。

当务之急就是如何缓解孩子缺氧的情况,在询问妈妈确认孩子可以自己进食后,苏珊果断地拔掉了孩子的胃管。"这么小的婴儿气道本来就狭窄,再加上胃管的挤压,更加会阻碍孩子的呼吸。"苏珊回忆,当时座位旁围了很多人,她也大声解释让大家散开,给孩子多一点空气。

然而,孩子的情况并没有明显好转,只有吸氧才能缓解。幸好上车前家长带了氧气包和成人导氧管,但却没有带婴儿导氧管。苏珊赶紧将氧气流量开到最大,并把导氧管一端放在婴儿鼻子旁。吸了几分钟后,苏珊担心孩子太小受不了,但却又没有适合婴儿的导氧管,怎么办呢?

曾经学习过的急救技能知识在苏珊的脑子里一遍遍闪现。突然,她发现婴儿身上的鼻饲管,心想如果把鼻饲管改成婴儿鼻导管,再接上孩子父母带的成人吸氧管,这样孩子不就能够顺利吸氧了?苏珊立即请列车长拿来剪刀,将拔出的胃管洗干净后,剪成一个适合孩子呼吸的导氧管,并把这个管子接入成人氧气包,再将这个改造的管子放在孩子鼻子旁边,并调小了氧气流量。试用效果很好,孩子顺利吸氧了!看到孩子呼吸顺畅的那一刻,她的内心别提有多激动了。

"其实我在剪管子的时候手都是发抖的,在这样的环境里抢救与平时工作太不一样了,没有必备的设备和合作的同事,只能靠自己急中生智。虽然很紧张,但是我很清醒自己每一步要做什么,并且想办法在现有的条件下做到。"苏珊如是说。

经过 20 分钟的抢救,婴儿的呼吸渐渐顺畅起来,喘气没有那么严重了。看着孩子因为不舒服而不停哭闹,可能会加重缺氧,苏珊立即从妈妈手中接过孩子,稍微竖起来以便孩子顺畅呼吸,并且轻轻地安抚孩子的情绪。慢慢地,孩子停止了哭闹,呼吸渐渐平稳起来,脸色也恢复了正常。

当天,苏珊一直坐在婴儿身边守护,并告诉孩子妈妈应该如何给孩子吸氧,氧气容量也足够支撑到南昌。下车前,苏珊特地跑到孩子的车厢,看着孩子依然平稳地呼吸,她才放心地下车。3个小时后,列车抵达南昌,120救护车随即将婴儿送到了江西省儿童医院。

"医者父母心。不管社会上对我们医护人员有多少误解,不管我们平时有多少的委屈,但是在生死关头,在病人需要我们的时候,我想我们湘雅人一定会挺身而出,伸出援手。因为,这是我们的职责所在。下一次,遇到这种情况,我还是会义无反顾地冲上去,因为我是湘雅人。"苏珊说。

5月31日,由中央文明办主办、中国文明网承办的"我推荐、我评议身边好人"活动,发布了2016年"中国好人榜"5月榜单,109名"中国好人"中,苏珊当选为"见义勇为好人"。

### 33. "白衣天使"善义的故事

2016年5月3日的清晨,正开车上班的湘雅医院急诊科护士梁善义发现往日通畅的云栖路特别拥堵。她打开车窗探查情况,隐约听到有人在呼救。此时,她意识到前方出了事故! 这个念头闪过她的脑海,从事急诊工作的本能驱使她赶紧把车停在了路边,循声跑向了事故现场。

只见路边停了一辆大货车,车头玻璃已经碎裂,一名男子浑身是血卡在驾驶座上,另一男子则惊慌失措地站在旁边。梁善义上前查看了驾驶座上的男子,确定他暂时无生命危险之后立刻拨打了120和122报警。接着她又返回驾驶室旁边,发现男子头部有活动性出血,双下肢被卡,凭借多年的临床经验和医学素养,她判断在120到达之前暂时不能挪动男子,便脱下了自己白色的外套按压在男子头部的伤口上;专业的培训让她意识到,倘若对颈部脊髓保护不周可能会导致伤者终身瘫痪,于是她双手夹臂,紧紧地固定住伤者的头部,防止他的颈部再次受创。

车来车往的路上很可能发生二次事故威胁到施救人员的安全,但梁善义顽强地固定着保护伤者颈椎的姿势,直到120医护人员赶到现场解救出伤员。

接着,她又在医护人员的配合下把男子送上了救护车。

此时,梁善义才发现自己的白色外套已被伤者的鲜血染红。处理完现场后,梁善义开着车继续踏上了上班的路途,到医院后又不声不响地投入到了日常的护理工作中。

当日湖南都市频道晚间新闻重现了白天的紧急一幕,再通过朋友圈传播,同事们才知道这个年轻姑娘竟有过如此勇敢的善举。

一位急诊科的男护士在朋友圈写道:"善义给了我们一个榜样,在将来遇到这样的时刻,我们也会毫不犹豫地扬其善弘其义。"

### 34. 小身板大力量

2016年5月24日中午,中南大学湘雅三医院普外二科的张鲁玲护士正在值班,突然听到有人在喊:"有人要跳楼啦,护士你快来!"她赶忙跑出去,一边询问旁人一边往事发地点赶去,原来在湘雅三医院普外二科33病区,一名患者突然冲到27床房间的阳台,试图跳楼。

待张鲁玲赶到现场时,患者已经翻过阳台的护栏,坐在挑檐上,情况十分危险,随时都有掉下去的可能性。张鲁玲的心都揪到了一起,大脑一片空白,出于本能,她赶紧冲上前去,隔着护栏站上凳子一把抓住了患者的衣服,想将其从挑檐上拉下来。可是患者情绪十分激动,与张鲁玲拉扯着就是不肯下来。张鲁玲瘦瘦小小的身子骨根本不可能将62公斤的患者拉下来,她只能咬紧牙关用尽自己的力气将患者死死拉住。

这时,另一名值班护士徐聪闻讯立刻通知了保安及其他医务人员。正在休息的护士彭欢、余隽、易灿辉、马梦玲、胡杏、陈雪梅,实习同学罗红,医生刘挺、罗仁杰、熊浩、陈海、高凯纷纷赶来,劝导患者放弃轻生的念头。在大家的劝说下,患者似乎有了一些松动,说时迟那时快,保安阿姨趁机翻过护栏,直接抓住了患者,悬在大伙心头的一块石头终于放下了。最终,在大家的共同努力下,患者被从护栏外拉了回来,而此时的张鲁玲,早已是精疲力竭,却露出了欣慰的笑容。

随后护士长王玲与主管医生周剑宇与家属进行了沟通交流并给予病人心

理疏导,保卫科的同事也进行了全程陪同。这才知道,这名患者是湖南宁乡县人,51 岁,当天中午 11:58 因肠梗阻入院,由于自己患病多日,又考虑到手术费用负担,所以做出了轻生的行为。

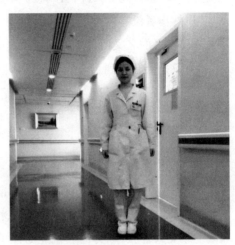

护士长王玲谈起这件事还是心有余悸,"事后我们都为张鲁玲捏了一把汗,如果患者跳了下去,瘦小的她可能都有被拖下去的危险。"而张鲁玲只是笑着说,"当时来不及想那么多,救人要紧!"

最后,在医生、护士及家属的开导下,患者的情绪渐渐好转,想起自己的轻生行为也是十分后悔,又不禁庆幸,幸好有这样一位护士,尽管瘦瘦小小,却依旧牢牢抓住了他的生命。

### 35. 路遇车祸"90 后"护士挺身而出

"素不相识,还给他做了口对口的人工呼吸,她真的很不错。"2016 年 8 月 18 日下午,何女士来到中南大学湘雅二医院,寻找一位叫朱珊的护士,希望当面谢谢她。

原来,8 月 15 日凌晨,何女士家人驾车行驶至猴子石大桥附近时,不慎将一位横过马路的行人撞倒。家人赶紧下车查看伤者,并拨打了报警电话,但由于不懂急救,只能在一旁干着急。朱珊说,当时恰好和同伴开车路过此处,见状后,赶紧下车,跑到伤者身边。当时伤者呼之不应,没了意识,但心跳、呼吸都还可以。

"马上发现,脉搏和呼吸越来越微弱了,所以我赶紧为伤者做了心肺复苏术。"朱珊便跪在地上,通过心脏按压、人工呼吸,对伤者进行急救。朱珊一直在努力抢救,累得满头大汗,直到救护车赶来。

"虽然伤者没有救过来,但是她尽力了,我们还是很感激。"何女士说,当时家人以目击者的名义留下朱珊同伴的电话。

"我只是恰好碰到了。我们的同事随便谁遇到了都会这么做。只是很可惜,伤者还是去世了。"21岁的朱珊说,无论何时何地,救死扶伤都是每一位医务人员的职责。

### 36. 陈勇健车站勇救晕倒老人

2016年10月20日中午12点左右,湘雅医学院临床医学八年制2011级学生陈勇健,如往常一样从湘雅三医院出来,在湘雅医学院公交站等车时,突然发现一个老人昏厥,陈勇健当机立断冲了过去,扶老人坐下后,马上利用自己所学的医学急救知识,检查老人生命体征:呼吸脉搏都有,只是稍弱,枕骨部位有外伤。陈勇健根据花坛上的血迹判断老人极有可能是在行走中意外跌倒并受伤的。

在对老人进行压迫止血之后,老人意识慢慢恢复,周围慢慢围过来很多路人。陈勇健跟周围路人说明了当时的情况,一边拨打急救电话,一边与附近的群众一起安抚老人的情绪,并与路人在老人的包中找到手机,及时联系了老人的家属。尽管老人一直念叨"不能耽误大家的时间""不用管我",陈勇健依然根据专业知识判断此次跌倒可能给老人带来颅内出血,从而诱发心脑血管疾病,他只能徒手做一些力所能及的护理,以稳定老人情绪,直到警察和救护车到达了解情况后才离开。

陈勇健做好事不留名,同学和老师了解到此事后找到他,他才说"这并不是我一人的功劳,大家都很热心,自己在救助老人的过程中,围观群众不仅没有将自己看成撞倒老人的肇事者,而且还和自己一起参加了对老人的救援。"

当老师和同学问他,怕不怕被"讹诈"时,陈勇健说:"没想过,想到的只是我们医学生宣过的誓言。"

是的,冲在最前线守护群众的生命安全,是本能,更是职责。作为一名湘雅医学院学生,他们从穿上这白色"战袍"的时候,就深知肩上的使命:竭尽全力除人类之病痛,助健康之完美……为祖国医药卫生事业的发展和人类身心健康奋斗终生。

### 37. 一颗葵花子引发的故事

2016 年 11 月 10 日,中南大学湘雅二医院办公室收到了一封署名为"常实"的来信,希望帮助寻找一位列车上救人的年轻女子。下班时分,湘雅二医院微信公众号即推出"寻人启事"。

据常实介绍,11 月 7 日,烟台至广州的 K1159 次列车行至汨罗区间段时,突然列车上广播紧急呼叫医务人员救人。原来卧铺车厢有一个两岁多的小孩误吸了整颗葵花子,葵花子堵在孩子鼻腔深处,导致呼吸困难,孩子家长焦急万分,并哭着要火车临时停靠,让他们去医院。列车因此停靠在汨罗站迟迟没有发车。

此时,一名刚刚从汨罗上车的年轻女子立即从座位上起身,赶紧朝广播通知的患者所在卧铺车厢跑去。简单检查后,该女子告知家长,如果看不见障碍物就得去医院取异物。不过,所幸隐约可以看到孩子鼻腔口不到 1 厘米的地方有瓜子头,并伴有少量出血。女子表示,她可以试着帮助解危,但需要列车员提供小镊子等工具。

根据规定,列车员坚持要女子出示有效医务工作证件。然而,该女子表示,她是中南大学湘雅二医院医务人员,但出门在外没有带工作证件。时间紧急,家长心急如焚,别无选择,在征得家长同意后,列车员给该女子提供了小镊子。

该女子一边叮嘱家长安抚好孩子的情绪,一边将小镊子进行消毒处理。之后,只见她小心谨慎地把小镊子伸进孩子的鼻腔,几秒钟后就稳稳地把瓜子取了出来。

"我看到该女子的动作从容不迫,整个过程透露出来自职业的自信。"常实表示,他觉得这件事情虽小,但精神感人,希望医院能对这种行为予以表彰,也向社会传播这种正能量。

几经打听,湘雅二医院有关工作人员终于找到了列车上救人的胡珍。胡珍是湘雅二医院护士,工作已近八年。胡珍说:"当时我也不知道具体发生了什么事,能不能施救。但是我想,即使不能处理,也可以提供一些专业的建议,或帮帮忙。到那里,发现瓜子有继续被孩子吸进去的风险,不得不尝试着排除或降低风险,就这样小心翼翼地试着试着,将瓜子夹出来了。"

### 38. 医学博士生罗科列车上急救乘客

"这种救死扶伤的精神值得大家学习,体现了当代医护人员的职业操守,宣扬了社会正气,传播了正能量!"2017年5月23日下午,中南大学湘雅二医院党委办公室收到了一封署名为 K158 次列车长韩忠的感谢信,而被感谢者正是该院在读(2015级)麻醉学博士生罗科。

事情发生在2017年5月22日上午九点,罗科乘坐的 K158 次列车驶出衡阳站不久,突然响起广播:"列车6号车厢内有位乘客头部受伤,昏迷不醒,如果列车内有医护人员请立即帮忙施救"。

正在11号车厢的罗科,赶紧奔到6号车厢,只见列车长、乘务人员以及乘客正焦急地围着一位大约60多岁、右侧眼眶出血的昏迷患者。他立即对患者实施急救:清除患者口腔内异物,解除呼吸道梗阻,将患者头部置于一侧,保持呼吸通畅。

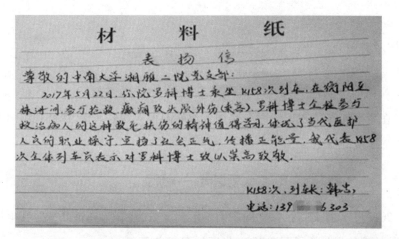

经详细询问,罗科初步判断该患者是癫痫发作,意识丧失导致头部外伤而出血。于是,他一边疏散围观乘客,确保患者周围空气流通,一边利用列车长送来的止血棉球压迫止血,待患者意识恢复后,又对头部伤口进行简单清创及包扎。

因担心患者癫痫再次发作,不排除颅内出血的可能,罗科建议列车长联系长沙120急救中心。

一个多小时后,列车抵达长沙站。此时,120救护车已在站口等候,罗科向赶来的医护人员详细交接了患者病情,将患者护送上救护车后,才离开。

收到感谢信后,医院有关负责人找到罗科予以表扬时,罗科淡然地说:"作为共产党员,在人民的生命和财产受到威胁时挺身而出是必须的,何况我还是医生,虽然我还只是湘雅二医院的一名学生,但湘雅人那种'救死扶伤'的精神时刻激励着我要为人民健康服好务。"

# 第二节 大爱无言

在湖南省省党史馆,有一位普通人位列湖南人物名人榜,他就是中南大学湘雅二医院的徐立。

## 大爱医者——徐立

2012 年 8 月 23 日,徐立同志因病医治无效,在长沙逝世。遵照其生前遗嘱,他的遗体捐献给了医疗事业,供医学解剖之用。

徐立副教授是中南大学湘雅二医院眼科一名普通的医务工作者,像许许多多兢兢业业、救死扶伤的医生护士一样,默默无闻地在自己的岗位上工作了一辈子。然而,在平凡中,徐立同志有他伟大之处。

他生前待人如己治病救人,节俭至贫助学行善,心系事业退而不休,死后捐献遗体供医学解剖之用,成为医学生的"大体良师"。在见诸报端、广受传诵的事迹中,有几幅画面尤其让我印象深刻。一是他对物质生活极尽苛刻,家中没有像样的家电,从遗物中搜寻出来的纸条显示,每天生活费不超过 5 元。但却几十年默默助学,在国家有难,如汶川地震,他出手慷慨,捐了 1000 元,并不愿留名。二是退休后,被称为"编外院长"的他,无论酷暑严冬,都坚守"岗位",夏天背个斗笠,冬天戴顶大棉帽,拄着拐杖,固定时间、固定路线乐呵呵地到医院转悠,指出各种不当的行为。三是援外期间,为了与病人进行良好沟通而创造一套生动明了的图示法。生前不为人知,死后广受赞誉,他超凡脱俗的生活处世态度,令人景仰。他的事迹充分体现了人民教师敬业爱岗、呕心沥血的职业操守,体现了医务人员救死扶伤、全心全意为病人服务的价值追求,体现了知识分子一身正气、光明磊落、无私奉献的高尚情操。他坚守了精神上的制高点,他给中南大学、给湘雅医学以及全校师生留下了永不过时的宝贵财富,他的先进事迹彰显了师德和医德,也彰显了一个"大写的人"灵魂深处最为宝贵的东西,是教育培养学生的最鲜活教材。

徐立同志的先进事迹在中南大学、在湘雅二医院并非偶然、也非个例。像全国教书育人楷模金展鹏院士,与死神赛跑的原化工学院院长黄可龙教授,路遇昏倒老人挺身相救的邓幼文副教授等等,都彰显了中南大学敢于担当、甘于奉献的文化基因。这种可贵的文化基因,无论是过去、现在,还是将来,都是学校各项事业发展的动力源泉,我们每个人都应始终铭记、学习、弘扬它,使之永远焕发生机与活力。在春风化雨中接受这种崇高精神品质的洗礼。形成一种蓬勃的张力,使之成为更多人的精神自觉,汇聚成为不断推动进步和发展的社会洪流。

中南大学党委书记　高文兵

（2014 年 3 月）

## 徐立老师留下的谜

本报记者　唐湘岳　健康报记者　颜秋雨　通讯员　王昱　张灿强

他走了,有人说他道德高尚,值得学习;也有人说他怪,不可理喻——

2012 年 8 月 23 日,徐立走了。82 岁的徐立是中南大学湘雅二医院眼科退休副教授。根据老人生前遗嘱,遗体捐献给了医学事业。

徐立走了,有人说他道德高尚,值得学习;也有人说他怪,不可理喻——每月几千元的退休工资,却抠到捡别人吃剩的馒头。

徐立走了,留下了谜。

### 早餐之谜

——工资几乎全部用去帮助别人

"徐老师去世,跟他长期营养不良有关。"湘雅二医院眼科副主任朱小华一席话让记者愕然。"我们劝他吃好点儿,他不听也就算了,还去食堂捡别人的剩馒头吃。那天被我撞见,我很难受,给他买了份早餐,可他坚决不要。"

记者走进徐立生前住所——医院宿舍区一套 20 平米的一室一厅。除了 14 英寸电视机、烤火炉、洗衣机、书,再也找不出值钱东西,一张单人床"摇摇欲坠"。

"洗衣机是别人送的。"眼科护士李怡萱说，"徐老师中餐、晚餐都是面条，连油都不放，只放点菜叶子、豆腐，有时加个鸡蛋。大冷天，拄个拐杖，顶风冒雪走到更远的商店，就为买鸡蛋一斤能便宜两毛钱。"

徐立是医院建院后第一批眼科医生，退休前是眼科副教授、副主任医师，怎么会这么穷？

记者去财务科查工资单：1990年他退休时每月230元，2000年后涨到1275元，2011年涨到3916元。

徐立的老伴儿说："我们没用他的钱。"

眼科门诊主管护师姚娟萍告诉记者："他那么节俭，我看着心疼，问是不是缺钱？他说不是。再问钱哪儿去了，他不做声。后来我才知道，他的钱都捐出去了。"

眼科一病区护士长王琴说："每次国内遭灾，徐老师必定捐款。汶川地震他捐，冰灾、洪灾他都捐。10多年前，他花446元钱买了一套《眼科全书》送给科里，相当于半个月工资。"

护士罗宇说："记得徐老师还给团委捐1000元，工会1000元，离退休办1000元，说是作活动经费。过年了，医院搞福利发下油和米，他拉着小拖车，全部分给在医院做事的民工。"

骨科护士长樊天明说："2009年底，徐立从床上摔下来，严重骨折。上了手术台，他哭起来。说这次恐怕下不来了，我还有4个孩子没毕业，怎么办啊？"

樊天明叹了口气，"其实，他只有1个儿子，哪来的4个孩子？一追问，是指4个贫困大学生。再细问他就不说了。"

李怡萱又想起一件事："去年夏天，我去徐老家，看他热得很，连个电扇也没有。徐老说年纪大了吹风扇容易着凉，打算买个空调。后来我去银行办事，碰到徐老在填汇款单，我问空调买好没，他说钱不够，要开学了，得寄给孩子们。可惜，我当时没看清收款人是谁。"

眼科老同事聂爱光劝他："人家是有1000捐100，你是有10块捐9块，不能这样不顾一切去资助别人吧。"

他回答："国家还不富，义务教育仅到九年制，我们不能眼看着那些有才华的青年因经济困难而弃学。农村还很落后,需要大量知识分子去改造、去建设,能够为国家分担点是应该的。"

从老人遗物中,找到一封信,这是徐立在湘雅医学院读书时的老同学、现已旅居香港的邓炳尧写的:"你退休后又为自己安排了另一种为人民服务的生活……每月拿出600元资助两位贫困大学生读书……可以想象得出,你每月剩下来留用的工资已不多。向你致敬,我敬爱的老班长!"


## 转悠之谜

### ——不知疲倦守护着医学的殿堂

徐立每天都在医院转悠。

"夏天背个斗笠,冬天戴顶大棉帽,拄着拐杖,路线固定——这成了我们医院一道独特的风景。"党委办副主任夏良伟这样描述。

第三党支部书记崔娟莲介绍:"清晨徐老从家里出发,到医院各个地方转,中午回家煮碗面条吃,下午继续转。有人乱扔垃圾,他去制止;有汽车乱停放,他去疏导;隔着窗子看医护人员操作,有不规范的,就用拐杖敲敲玻璃去纠正;有谁穿拖鞋出现在病房,他敲敲年轻人的腿去提醒。"

"碰到病人问路,他说'跟我走',一直带到目的地。去得最勤的是眼科门诊,主动给候诊病人讲眼科知识。红旗区有个老爹爹,经常拄着拐杖来找徐老,据说好多年前徐老给他看过病,退休20多年还一直给他免费看。一次就诊,终生为他服务,这是什么精神?!"崔娟莲说。

夏良伟说:"发现有问题,徐老就记在本子上,找院领导反映。住院大楼建成,他看到眼科有9间单人病房,马上反映病人一床难求,建议调整。他的合理化建议被采纳,9个单间减少到3个。"

他的邻居贺彭婷护士说:"徐老师最反对浪费。他总选别人休息的时间,清早或者中午去外科住院大楼巡查。咚!咚!咚!从1楼到19楼,爬着楼梯、一层楼一层楼检查,关上走廊的电灯,拧紧滴漏的水龙头。我问他为什么不坐电梯,他说,省电。退休22年,这位'编外院长',不知疲倦地守护着医学的殿堂,拐杖声声震撼着我们的灵魂。"

## 分居之谜

### ——一分一秒离不开为之奋斗的事业

徐立和老伴同城不同居。

老护士长李钟青与徐立认识55年了,她说,这确实是个谜。"徐老师的老伴胡慧侬是湖南大学的退休教师,结婚头十年,徐老师在长沙,胡老师在西安,后来调到长沙。但几十年来,两口子隔着一条湘江,几乎没在同一个屋檐下长期生活过。徐老师住医院宿舍区,胡老师和儿子住在河那边单位分的一套两室一厅里。"

夫妻感情不好?李钟青说:"不是。徐老师周末经常过河去吃饭,后来就是他爱人来探望,帮他洗洗衣。徐老师得过四场大病,每次老伴都来照顾。"

记者找到了胡慧侬。"唉!老徐这辈子就是为医院而生的。"胡慧侬说:"退休前他放不下病人,退休后他放不下同事。医院就是他的家,医生护士和病人就是他最亲的人,他一分一秒也离不开为之奋斗的事业。"

徐立曾参加首批中国医疗队援助非洲两年半。他的队友、骨科退休老教授李贺君回忆说:"当时随队翻译少,徐立创造了一套生动明了的图示法,克服语言障碍,提高效率,医治非洲病人。"

王琴说:"徐老师说我们都是他的'儿女'。每天下午两点到两点半,必定到眼科来'查房',再去骨科。他乐呵呵地跟我们扯扯耳朵、拉拉手,坐也不坐、水也不喝便离开。如果有事不能来,还会提前跟我们'请个假'。我们习惯每天见他,一天不见,心里就慌。去年护士节,他竟自个儿掏钱买了十多箱牛奶,送给每个护士喝,把我们感动得一塌糊涂。"

聂爱光说:"徐立退休后,给自己安排了新工作:给退休老同志送书报、信件、工资条,帮忙买药。他第一次骨折住院后就离不开拐杖了,我们担心他再摔着,谢绝他帮助,他执意要干,而且一干就是一二十年。"

徐立的研究生、温州医学院附属眼视光医院教授肖天林告诉记者:"老师告诫我,人命关天,马虎不得,要严谨再严谨。还叮嘱绝对不能开大处方,要花最少的钱给病人治好病。我一直以老师为榜样。"

徐立生前立下遗嘱,捐出遗体和所有书籍。

"他跟我讲,现在医学上很缺人体标本,每三四个研究生就需要一具遗体,才能彻底了解人体结构。二十年前,他就签了遗体捐献书,还动员我也签了。"老伴胡慧侬默默整理着徐立珍藏的医学书籍,"这些我会按他的意思捐给眼科教研室。"

去世后,按其遗愿,人们给徐立换上了40年前援助非洲时穿的那套中山装。

"很多人哭着去送。"眼科二病区护士长李红瑜说。"看着送遗体的车开动,我还冲着车子挥手,感觉他还活着。"

湘雅二医院党委书记周智广总结道:"徐立是一个坚守理想、信念、情操的优秀知识分子。他将自己的一生彻底奉献给了医学事业,奉献给了社会。他就像毛泽东同志赞扬白求恩大夫那样,是一个高尚的人,一个纯粹的人,一个有道德的人,一个脱离了低级趣味的人,一个有益于人民的人。我们心中的徐立,就是当代的'白求恩'!"

到今天,有些谜仍未解开。徐立一生究竟资助过多少贫困学生?他们是谁?光明网、光明官方微博已发出寻找信息,若有知情者请与我们联系,我们将继续关注。

## "他把爱给大家　我们把爱给他"

本报记者　唐湘岳　《健康报》记者　颜秋雨　通讯员　王　昱

"徐爹爹,一路走好!永远难忘。"徐立去世后,"80后"眼科护士李怡萱的QQ签名就改成了这样一句话。从湘雅二医院团委开展"1对1帮扶离退休老职工"志愿活动起,她就一直是徐立的帮扶者。老人去世,悲痛不已的李怡萱还去徐老生前的住所缅怀。她对记者说——

徐立老师虽然没跟家人住在一起,但他身边不缺爱。在医院,我们都是徐老师的儿女,他也是我们最亲的人。

徐老师对自己太"抠",我们都看不下去。他家里很多东西都是医院的同事送的。他摔伤后,还没完全好,就要拄着拐杖开始每天的转悠。吴振中教授就买了个助步器送给他。徐老师拿它当宝贝,天天用。洗衣机是党支部书记崔娟莲送的。崔书记看他腰腿不好,蹲着洗衣服太累,就送了徐老师一台洗衣机。徐老师舍不得吃,舍不得穿,大家就经常做些好吃的菜送给他。

今年5月他又住院了,好几次跟我讲:"如果我要死了,不要抢救,就把我推到眼科、骨科那些地方去转一圈,跟孩子们告个别。死后不要麻烦大家,不要开追悼会。"他走后,医院还是举行了一个非常简朴的追悼会。我们全去了,看徐老师最后一眼,也让他"看"我们最后一眼。

虽然徐老师资助贫困学生从不跟人讲起,但我们还是发现了这个秘密,我们经常在一起商量——徐老师把爱献给了大家,我们也要把爱献给他。

青年志愿者开展"1对1帮扶"活动,我专门负责帮助徐老师。但我们的帮助总是被他拒绝。看他屋子比较乱,我们拿起扫帚、抹布帮忙打扫,他就抢过去不让干,还说,"谢谢你们,我现在还做得动,等以后实在做不动了我就跟你们说。"结果一拖再拖,最终还是没打扫成。他的屋子虽然乱,有点脏,可又有谁不认为,这是一块圣洁的地方呢?

这些年,医疗改革艰难,医患关系复杂,年轻的我们也曾有过迷茫,是不是入错了行? 幸运的是,徐立老师天天在我们眼前晃,他的故事、他的精神,潜移默化影响着我们这些"80后""90后"。感动之余,我们终于明白:人是可以这样高尚的,信念是应该这样坚守的。

## 赤子情怀 润物无声

《光明日报》记者 唐湘岳 《健康报》记者 颜秋雨

在徐立家,一颗深褐色的"非洲豆"显得很特别:其貌不扬,却被主人"隆重"地嵌在一块石头底座上。徐立从塞拉利昂带回的,其实就是一颗非洲罗汉果,36年过去了,它依然本色不改、坚韧如初,"不辱使命"地传递着中塞人民的友谊。

### "我们代表的是中国"

塞拉利昂,1973年9月。这个建国不久的非洲国家,空气中弥漫着贫穷的味道。作为首批援外医疗队员,徐立不远万里来到这里。

徐立当年的队友、湘雅二医院骨科退休老教授李贺君回忆:"刚去时,水土不服,摄氏40度的高温,感冒发烧是常事。那次,我患疟疾,在床上躺了几天。徐立自己也不舒服,还天天为我倒水送药。徐立大我10多岁,像大哥哥一样照顾我。"

退休老教授庞素芳回忆:"语言障碍是个大问题。医疗队只配了两名翻译,忙不过来。徐立有个绝招:在纸上画出眼睛的轮廓,用笔尖指着,问病人哪里受伤,然后打个箭头,画出受伤部位的放大图,再指,再问,直到明确病源。看完病,去哪儿打针,去哪儿取药,徐立也同样画个流程图,既方便又高效。在塞拉利昂期间,徐立一个人负责眼科门诊、急诊还有眼科病人的手术和住院治疗工作,急诊需要随叫随到,有时还要到其他科室帮忙,他每天都要值班,但没有一句怨言。那里的条件远远不如国内,手术床、无影灯、手术器械、医疗药品都是从国内带过去的。"

"我们代表的是中国,不能给祖国丢脸。"徐立常和队友们说。

## "外国的月亮难道比中国的圆?"

加尔维斯顿,一个迷人的美国海港。一封大洋彼岸的来信,让在得克萨斯州医科大学加尔维斯顿分校做访问学者的肖天林心情复杂。

"2005年又过去了,这一年你们回来了,又走了,2006年你们还会回来吗?还会再走吗?我真不敢想!"这是徐立2006年元旦写给学生肖天林的。

肖天林教授是徐立唯一教过的硕士研究生。1999年,在湘雅二医院眼科工作的肖天林赴美国休斯敦大学光学院进修。在美国,肖天林有些迷茫,徐立时刻挂念着身在异乡的学生,他通过写信、捎话等各种渠道再三叮嘱,一定要让三个在美国做科研的学生努力学习,学成后回国工作。

徐立退休后,家里没有电脑和网络,有次他见到肖天林的小侄女,就写了张小纸条,要她帮忙发电子邮件到美国,四个字:"早日回国。"

徐立与肖天林先后通了10多封信,后改为电话联系。有一次肖天林谈起国外优越的生活、工作条件,被徐立批评了一顿:"外国的月亮难道比中国的圆?"

中途回国,肖天林去老师家探望。徐立见到学生就流泪,说得最多的还是那四个字:早日回国。

留学四年之后,肖天林"不顾一切地回来了",进入国内一家眼科医院工作。因为研究课题需要继续完成,后来她第二次赴美,到得克萨斯州医科大学加尔维斯顿分校做访问学者。

在徐立2006年元旦寄出的信中,一句话震撼着肖天林:"我是一个平庸的人,我是把你们当自己的孩子看待的,只希望你们在我去世前回到国内。"

一年半之后,肖天林再度回国工作,如今在温州医学院附属眼视光医院担任眼外伤专科主任。

### "看着他们成长,我感到欣慰"

1978年,长沙,湘雅二医院医生楼。医生徐惠国搬到了徐立的斜对门,几乎每天晚饭后、星期天早饭后陪徐立散步1小时。

如今已在上海定居的徐惠国回忆:"徐立舍不得吃舍不得穿,从没见他穿新衣服,可他每年都资助贫困学生,捐到连自己的生活都出现了困难。他说,'现在国家还不是很富,义务教育仅到9年制,我们不能看着那些有才华的青年因经济困难而被排除在外。看着他们成长,我感到欣慰。'"

"现在国家还不是很富。"这句话似乎让很多谜有了答案。

不买福利房。眼科副教授贾松柏透露:"徐老师早些年没要医院分的福利房,他说,还是分给更需要房子的人。按照当年的房改政策,他那套房子只要花1万多元就能买下来。"

不浪费粮食。老同事李钟青曾责怪徐立:"堂堂一个教授,怎么到食堂捡馒头吃?"徐立马上反驳:"有什么不可以? 好好的馒头扔掉太可惜了。就算国家发达富强了,人民生活好了,可艰苦朴素、勤俭节约的精神不能丢。何况我们国家还不算很富啊。"说得李钟青惭愧起来。后来每次老干办组织春游、秋游,聚餐时,李钟青都主动把没吃完的菜打好包,让徐立带回家。

不用贵药。上班时,不开大处方是徐立始终坚守的"红线",他开的处方很多只有几元钱,还一再要求学生、同事要尽可能用最便宜的药给患者看好病。

### "要学好中文,不能忘了自己的根"

2007年1月28日,深圳市宝安区,富士康科技集团,一个叫陈星的年轻人提笔写信。

"我已来深圳工作半年了……这段时间里我学到了不少东西,感觉读研时都没这么用功……"几个月后的另一封信则写道:"每月开销大概为1200元左右,与徐爷爷您给我定下之要求相差甚多,无奈,惭愧。"

信是写给徐立的,而陈星是肖天林的外甥。在阿姨家遇到徐立,他俩成了"忘年交"。"节俭、艰苦奋斗、永不停止正确的追求,是徐爷爷和我强调得最多的。"陈星至今保持着勤俭节约的好习惯。

徐老在病房"巡视"

徐立的遗物中,有一封笔迹稚嫩的信。"徐爷爷,您好!我叫郭杰。今年我十二岁了,上七年级。我住在美国纽约州水牛城。爸爸妈妈工作很忙,我喜欢弹钢琴和拉小提琴。祝您春节愉快!"字写得很认真,右下角是流畅的英文签名。信后简短地附着:"徐老师:祝您新年愉快,身体健康!"落款人是吴鸣和郭立武。吴鸣是孩子的妈妈,曾经在湘雅二医院眼科工作,当年徐立是她的带教老师。

如今吴鸣身在美国,还经常和国内同行交流医学最新进展,牵挂着祖国的医学事业。提起徐立,她感慨万分:"我从心里敬重徐老师,无法用言语表达那份感激。每次回国我都去看徐老师,他见到我儿子特别激动,拉着我儿子的手叮嘱,你要学好中文,要说中文,不能忘了自己的根!"

(本文来源:《光明日报》)

145

# 第五章　好青年，中南造

## 第一节　大风高歌

中南大学学生中涌现出主动捐献造血干细胞、见义勇为救人等先进事迹，他们深入践行社会主义核心价值观，充分展示当代大学生的高尚品质和社会责任，是新时代雷锋精神的生动体现，在大学生中引起强烈反响。

助人为乐，"最帅毕业生"无偿捐献造血干细胞。尹琨是中南大学机电工程学院即将毕业的研究生。2013年4月，他志愿报名加入中国造血干细胞捐献者资料库，成为一名造血干细胞捐献志愿者。2014年9月，他与求助的白血病患者配型成功，并采集样本通过了体检。为了不让父母、老师和同学担心，尹琨同学隐瞒了捐献骨髓的事。2015年3月9日，学校收到湖南省红十字会发来的感谢函，老师和同学才得知尹琨正在病房准备采集工作。3月12日，尹琨接受造血干细胞采集，成功救治了千里之外的白血病患者。

奉献爱心，"最美女学生"冒雨撑伞救人。秦丹丹是中南大学商学院2011级学生，她学习刻苦，生活勤俭，关心他人，具有很强的社会责任感。2015年4月7日上午，在途经学校附近清水路磨子山公交站时，发现一名陌生女子昏倒在地，秦丹丹立刻来到女子身边施以援手。在她的帮助下，该女子逐步恢复意识，秦丹丹随即致电其家人并委托他人联系120急救中心。在陪护女子等候家属和救护车的半个多小时里,秦丹丹在大雨中始终为女子撑伞遮雨,待家属和医护人员陆续赶到,秦丹丹做好交接工作并协助对该女子进行了妥善安置。

见义勇为,研究生课题组勇救落水农妇。2015年4月16日中午,在湖南省益阳市阳罗洲镇七子浃村,一名50岁左右的农妇在干农活时不慎掉入河里,河水很深,农妇随时有生命危险,正值中午时分,地里人烟稀少。千钧一发之际,学校公共卫生学院正在当地进行现场调查的博士生秦露露、杨杨、胡召、高凡,硕士生张婷、蒋芳凡等经过此地。看见在水中挣扎的农妇,杨杨、胡召立即跳入河中,另外四名研究生则在岸边接应,经过6人共同努力将农妇从水中救起,经抢救脱离危险后,与闻讯赶来的农妇丈夫将其送回家中休养。

"五四"青年节之际,三件救人事迹在社会中引起强烈反响。学生们毫不犹豫的救人行动,温暖了人心、温暖了社会,传递了正能量,弘扬了社会主义核心价值观,为当代大学生树立了榜样。

(来源:教育部《加强和改进大学生思想政治教育工作简报》)

# 第二节　风正旗扬

## 1. 报道媒体

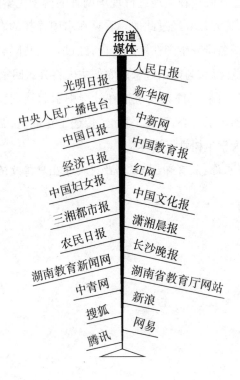

## 2. 媒体报道选录

人民日报

### 中南大学救人善举打动人心
### 这里的暖新闻特别多

颜　珂

雨中,一名昏倒的中年女子躺在路边,一个女孩蹲在一旁为她撑着雨伞。

她们并不相识,女孩却一直陪她等候家人和救护车的到来……这一场景被路人拍下,之后上传微博。后来人们得知,女孩名叫秦丹丹,来自中南大学商学院,网友们送给她一美誉——"中南最美女生"。

故事虽简,却让很多人感到温暖。在中南大学,这样的"暖流",汩汩不断……

### 为你遮雨

见到秦丹丹时,她即将入职华为。那次救人经历,在她的讲述中再平淡不过。

2015 年 4 月 7 日上午,大雨。秦丹丹撑伞回校途中,看到一个中年女子倒在路边。"当时她嘴唇和手都在发抖,脸色苍白,衣服都被雨打湿了。"秦丹丹赶紧把伞撑过去为女子遮雨,顾不上自己被雨淋。从倒地女子手中,秦丹丹接过一张写有家人联系电话的纸条,立刻打了电话。

不断有路人向秦丹丹聚拢。"有人打 120 电话,也有围过来挡风的。"她说,一位车主特意将汽车后备厢打开为倒地女子挡雨,还将车内外套裹在倒地女子身上。

半小时后,女子家属和 120 救护车陆续赶到现场。原来,那位女士是因血糖低昏倒。秦丹丹这才安心回校,全然不知自己撑伞的场景被路人拍下。

### 无偿捐献

即将研究生毕业的机电工程学院学生尹琨,今年(2015 年)为一名千里之外的白血病患者无偿捐献了造血干细胞。他说,想到自己能帮上一位陌生人,总有种奇妙的成就感。

2013 年 4 月 20 日,尹琨志愿加入中华骨髓库。2014 年 9 月 5 日,长沙红十字会的工作人员联系他:一名白血病患者骨髓与你初步配型成功,是否愿意捐献造血干细胞?"在听到能拯救一个生命时我很激动,第一反应就是救!"尹琨说。

手术安排在今年 3 月,8 日入院,12 日进行捐献。此前不久,尹琨刚刚完成硕士毕业论文中毕业设计的关键一环。同门师兄弟、指导老师对捐献都不知情。"感觉没啥好说的吧?"他说。

术后,红十字会工作人员向尹琨转达了受捐者远在千里之外的感谢。在一张精心制作的卡片上,这名年轻母亲写道:"非常感谢您能够无私给我捐献……让我还有时间去仔细感受生活!让我还有时间去爱这个世界上每一个爱我的人……"

### 下水救人

虽说学过游泳,但其实自初中以来就没下过水,杨杨说:"当时下水救人,就是一种本能反应"。

今年(2015年)4月,中南大学公共卫生学院社会医学与卫生事业管理系的杨杨,同导师和同学一起,在湖南省益阳市沅江阳罗洲镇开展农村老年人糖尿病高危人群的筛查与干预。

4月16日11点20分左右,课题组返回驻地途中,意外发现前方大约10米的河中,隐约有人在水中上下浮动。大家试探性叫喊了几声,没有回应,走近发现水中是一位农妇,面部浮肿,脸色苍白。同学们很快判定这位农妇已溺水,生命垂危。

"谁会游泳?"队长秦露露刚刚发问,杨杨已跟同学胡召扔掉手机、甩掉鞋,先后跳入河中。农妇被救到岸上时,已神志不清,面色苍白,腹部膨胀,脉搏微弱。同学们又立刻对其进行心肺复苏和人工呼吸……"如果不是你们,我命早没了。"获救农妇清醒过来,千恩万谢。

### 短评

#### 让善行自然流淌

中南大学这三则救人故事,在施救者说来,似乎稀松平常。一位同学说:"处在一个正能量圈里,自然而然会做一些正能量的事。"氛围是怎么形成的?聊天时,这里的同学们不住地说起身边人的善举。

身边人的善行正是最好的感召,正像一首歌的歌名——"一花引来万花开"。善行因他人而感召,善行也会感召更多的人,这就是正能量的循环。有更多的美德善行,就会有更多的良性循环,也会有更多的自然而然。

(来源:《人民日报》2015 年 07 月 06 日 04 版)

## 走进中南大学——
### 暖新闻为何在这扎堆

颜 珂

今年(2015 年)6 月,中南大学特意对尹琨无偿捐献造血干细胞、秦丹丹雨中撑伞救人、课题组成员勇救落水农妇三事决定予以表彰。授予他们什么称号,校方琢磨了很久。"我们最终确定了'道德风尚标兵'的称号,因为从他们身上,反映出了中南大学的风尚和校风。"中南大学党委副书记高山说。

校风是什么?中南大学给出了八个字:"向善、求真、唯美、有容"。

上网搜索中南大学师生的救人事迹,除了以上三件,仅发生在今年的,还可以列出一份长长的清单——

3 月 4 日,中南大学湘雅二医院医生龚昊立救助地铁上突发癫痫男子;

4 月 27 日,中南大学商学院副教授郑传均救起落水儿童;

5 月 8 日,中南大学湘雅二医院党委副书记薛志敏教授、第三党支部书记肖树副主任护师在长沙飞往大连的厦航 MF8035 航班上,救治癫痫患者;

6 月 16 日,中南大学辅导员于谦救助倒地受伤路人……

"暖新闻"为何在这里"扎堆"?

"我感觉学校就是一个向善的团体,有着向善的氛围。"秦丹丹向记者讲起了一个小故事:2013 年暑假,她本计划留校勤工俭学,却不小心烫伤了脚。尽管宿舍同学均已放假回家,还是不断有老师、同学前来照顾,并帮她申请了学院"爱心酬勤基金"。她说,正是来自他人的温暖,让她始终心怀一颗感恩的心去回馈他人,也让她觉得自己有责任去回报这个社会。

"我不是学校第一个无偿捐献造血干细胞的。"尹琨说,中南大学早有先行者。2009 年 12 月 30 日,即将步入婚姻殿堂的土木工程学院建筑学硕士研究生刘子建,捐献了造血干细胞,被誉为"最美新娘";2012 年 12 月 12 日,湘雅二医院泌外移植科博士生莫淼,捐献造血干细胞,用实际行动践行职业诺言。正因为有他们,尹琨说,自己只是做了一件"力所能及的事"。

"氛围的影响是潜移默化的。"勇救落水农妇的课题组成员杨杨讲述了自己导师徐慧兰老师的一个小故事:一位同学因家境不好担心交不起学费,徐慧兰老师自掏腰包打消了这位同学的顾虑。"处在一个正能量圈里,自然而然会做一些正能量的事。"杨杨说。

"说很重要,但更重要的是做。"在中南大学机电工程学院党委副书记马俊看来,有榜样的行为感召,才有潜移默化的效果,"看到身边的同学、老师是怎么做的,学生自然而然地会以实际行动去践行。"

"我们希望给学生的,是一种价值上的判断,只问对错,少问功利。是自己该做的,就应该去做。"高山说。

(来源:《人民日报》2015 年 07 月 07 日 04 版)

光明日报

## 青春的选择美德由我始

### ——中南大学培育和践行社会主义核心价值观纪实(上)

唐湘岳　龙军　禹爱华

2015 年 6 月 14 日,中南大学召开道德风尚模范集体及道德风尚标兵表彰大会,对近期该校涌现的 3 起学生救人先进事迹进行表彰,授予"4·16"研究生救人群体"道德风尚模范集体"荣誉称号,授予秦露露、杨杨、尹琨、秦丹丹等8 人"道德风尚标兵"荣誉称号。

"我们选择不了生命,但我们可以选择走过生命的方式。"面对命悬一线的落水老人,面对急需造血干细胞的白血病患者,面对寒风中昏倒的中年妇女……中南大学的学子一次又一次用实际行动做出了青春的选择。

### 勇敢的团队——

### 研究生课题组救起落水农妇

4 月 16 日中午时分,在湖南省益阳市阳罗洲镇七子浃村,一名 50 岁左右的农妇在干农活时不慎掉入河里，河水有一人多深，农妇随时有生命危险。千钧一发之际，中南大学公共卫生学院正在当地进行现场调查的博士生秦露露、杨杨、胡召、高凡，硕士生张婷、蒋芳凡6人正好经过此地。胡召马上脱掉鞋子，扔下手机，麻利地跳入水中。杨杨也一同跳进水里。

"有人落水了，有人落水了！"岸上的4名同学一边大声呼救，试图引来附近村民的注意，一边准备接应胡召和杨杨。

很快，胡召和杨杨游到河道中央，将体重约160斤的大婶艰难地往岸边推移，好不容易救上岸来。

被救上岸的大婶，面色苍白，嘴唇发绀，已经不省人事。杨杨马上运用专业知识，对她进行抢救。不久，大婶开始恢复意识。在大家的呼救中，附近村民和大婶的丈夫也赶了过来。在护送大婶回家的路上，她开始零星地说出一两句方言，感谢伸手相救的同学们。"如果没有这些学生，我老伴的命就没了。"大婶的丈夫感激地说。

### 沉默的英雄——
### 尹琨无偿捐献造血干细胞

眼看着就要毕业离校，毕业设计仍未完成，中南大学机电工程学院2012级硕士生尹琨却突然"消失"在老师和同学的视野中。正当大家纳闷时，中南大学收到了湖南省红十字会发来的感谢函：感谢尹琨同学志愿为配型成功的病人捐献造血干细胞。根据安排，尹琨将在(2015年)3月12日开始进行第一次造血干细胞采集。

对于尹琨这样的决定和举动，师生们毫不意外。早在本科期间，尹琨就给自己定了一个计划：每隔半年到一年献一次血，如今他已有5次献血的经历了。一有空，尹琨就带领同学，一起去养老院看望老人、去聋哑学校陪伴小朋友。

由于尹琨捐助的是一个成年人，因此，从尹琨身上采集的造血干细胞要比正常采集量多一倍，早晚各一次注射动员剂（促进造血干细胞大量生长）。在此期间，他要忍受着心跳加快、背部酸痛、头皮发胀等痛苦。在接受了连续5

天的早晚动员剂注射后,3 月 12 日 8 点 30 分,他终于迎来干细胞采集工作,开始了"生命传递"的历程。

红十字会工作人员向尹琨转达了远在千里之外的被捐助者的感谢。对方是一位 80 后年轻母亲,她在精心制作的卡片上写道:"非常感谢您能够无私给我捐献,让我还有时间去陪伴我 4 岁的儿子!让我还有时间去赡养我的父母!让我还有时间去陪伴我的丈夫!让我还有时间去享受阳光!让我还有时间去仔细感受生活!让我有时间去爱这个世界上每一个爱我的人……"

### 美丽的身影——
### 秦丹丹冒雨撑伞救人

(2015 年)4 月 7 日上午 8 点半,长沙气温不到 10 度,天下着大雨,中南大学商学院金融 1101 班学生秦丹丹从驾校练完车撑着伞回学校,身着一件薄毛衣的她冷得打着哆嗦,伞也在大风中不听使唤地摇摇晃晃,短短 1000 米路秦丹丹走了 20 多分钟。"走到清水路磨子山站牌时,看见一个中年女子倒在路边。"

"当时她嘴唇和手都在发抖,脸色苍白,衣服都被雨打湿了。"秦丹丹赶紧上前询问怎么回事,也顾不上自己被雨淋,把伞撑过去为她挡雨,"在交谈过程中,她突然握住我的手,手冻得跟冰块一样。"

从倒地女子手中,秦丹丹接过一张纸条,上面写的是女子家人的联系电话,秦丹丹打电话通知其家人。"有不少路人停下来询问要不要帮忙,有人打'120'急救电话,有人围过来挡风。"她回忆。

半小时后,女子家属和 120 救护车陆续赶到事发现场,将女子转交给其家属和医生,秦丹丹才安心回到学校。

现场目击者——长沙理工大学教师将雨中救人这一幕用手机定格,并将此事发至微博。有网友这样评论道:"雨中的一抹美景,温暖人心,中南女孩好样的!"

短评

## 用青春力量点亮道德之光

尹琨、秦丹丹等青年学生勇于救人的事迹，感动了莘莘学子，赢得了全社会的高度赞誉。他们用自己的实际行动，用他们火热的青春力量，展现当代大学生高度的责任感和良好的精神风貌，彰显出中华民族的传统美德，点亮了社会主义核心价值观的道德之光。

在时下的大学生群体中，流行着一股"吐槽"之风，课堂枯燥的学习内容、学校里有漏洞的管理制度、社会上种种不正之风等等，都会成为他们表达不满的对象。这些不满思想和情绪弥漫在互联网上，不仅无益于问题的解决，反而让更多的人感到悲观与失望。

年轻学子是学校和社会有机体里活跃的细胞。只有越来越多的优秀青年走向社会，国家与民族的未来才能充满希望。因此，作为当代大学生，不仅要对科学文化知识充满求知欲，而且还要努力锤炼自己的思想品格，努力做一个精神上昂扬向上的人。

我们每个人既受环境的影响，同时也影响着环境。尹琨、秦丹丹等青年学生的事迹在大学校园中形成影响，让更多的人从他们身上看到了精神的力量，他们和那些像他们一样的年轻人，已经成为道德环境的创造者。少一些"社会怎么了"的抱怨，多一些"美德由我始"的行动，最终形成和谐美好的社会环境。

青年的梦，就是中国的梦；青年的追求，就是中国的未来。当越来越多年轻的榜样出现在我们眼前，用自己的实际行动诠释着"高尚"的含义，社会就充满希望。而这些榜样，必然影响和带动更多的人，为形成文明进步的良好社会风尚、推动社会主义精神文明建设贡献力量。

(来源:《光明日报》2015 年 07 月 06 日 04 版)

## 青春的底色

——中南大学培育和践行社会主义核心价值观纪实(下)

**唐湘岳　龙军　张婷**

"大学训，知行一，首立德，后学文。"清晨，岳麓山下的中南大学校园里传来琅琅读书声。充满古韵又不失时代特色的诵读内容引得路人驻足聆听。来自该校信息学院的几千名师生共同编写了新版《弟子规》，用传统方式传递全新的大学生活正能量，在师生中传诵。

这是中南大学培育和践行社会主义核心价值观的一个缩影。近年来，中南大学帮助学生树立正确价值观，引导学生用所学知识去投身基层，服务群众。数万师生用实际行动培育和践行着社会主义核心价值观，书写着青春的底色。

### 文明——
### 岳麓山下书写青春契约

今年（2015 年）3 月 5 日，学校 3000 多张饭桌上突然多了写有"光桌行动"的标签，号召同学们就餐后收拾好桌子上的剩菜残羹。"光桌行动"是中南大学开展"青春契约"活动的一个环节，是学校积极探索加强学生自我教育管理新模式的尝试。

中南大学校团委书记胡杨介绍，"青春契约"活动，是让学生自主约定的规章制度"进寝室、进教室、进实验室、进食堂、进会堂、进图书馆、进园区、进网络"，努力实现自律自治工作对大学生学习生活全方位、全时段和全空间的覆盖。

"青春契约"活动一经推出，就受到广大学子的热议，仅仅"寝室公约"的微博话题阅读量就突破了两千万。

中南大学党委副书记高山是不折不扣的"微博控"，经常在微博上回应学生困惑、解决学生问题。目前，包括校领导在内的 18 名党政领导、23 名全国模范教师、"百家讲坛"主讲人等教学名师、200 余名辅导员团干、300 余名优秀学生典型全都进驻微博平台。

高山介绍，利用校园名人的学术魅力和人格魅力，形成汇集专家学者思想火花、学生典型成长感悟的微博群，被学生浏览几千万次，成功干预学生心理危机数十起，成为学校教育、引导、服务学生的重要平台。

**民主——**

**一个包子也是大事情**

2014 年底,学生王鸣玉将一封题为"肉馅是包子的灵魂"的反映信寄到了校长信箱。信中写道:"食堂肉包非常好吃,常常是早上起床的动力,但是最近一周却失去了它原有的味道。肉馅作为肉包的灵魂,变味是绝对不能忍受的。"

中南大学校长张尧学立刻安排相关部门和质检人员进行检查。经查,肉馅出现微酸是因为食堂师傅因伤换人,改变了原有配方,对包子制作的时间掌握不当所致。

张尧学在给王鸣玉的回信中表示,已经要求食堂立即按照原来的配方进行生产,食堂也会加强员工培训,提升产品生产的标准化程度。

小小一个肉包子牵动全校多个部门的神经,这样的事在中南大学并不少见。2014 年末,有学生在微博上反映学校附近路段存在公交车闯红灯现象。校团委学生会权益服务中心工作人员蹲点拍摄视频作为证据,将收集的材料提供给公交公司。公交公司表示会很快公布整改措施。

高山说:"一站式的建议采纳、实施行动、改善管理的处理方式,得益于学校积极探索学生参与学校民主管理新机制。学校利用新媒体等途径,收集学生的意见和问题,积极予以解决。"

**友善——**

**爱心故事每天都在发生**

学雷锋志愿服务活动是大学生参与社会管理的重要窗口,是践行社会主义核心价值观的有效途径。在中南大学,这样的故事每天都在发生。

中南大学左家垅爱心家教已持续 33 年,累计服务 900 多个家庭,2000 余名志愿者参与其中,授课时间达 17 万多个小时,收到来自学生家长的感谢信不计其数。成立不到 3 年的"浪花之家"志愿服务团队,利用寒假募集 20 万元,捐建沅陵县乡校第一所多媒体教室。

中南大学雷锋岗,12 年风雨无阻服务师生,4500 余名雷锋岗志愿者们帮助校内外师生员工累计 14 余万人次,募集善款及各种爱心物资 40 余万元,向全国各地发送了 509 个爱心包裹。

中南大学定点扶贫江华瑶族自治县,推动医疗、科技、教育、文艺"四进江华"志愿服务活动。

（来源:《光明日报》2015 年 07 日 04 版）

中新网

## 大学生救人背后优秀品格塑造:文化积淀、才能涵育、友善形象

罗方禄　刘　柱

近期,中南大学青年学子涌现出三起救人事迹,弘扬了社会正能量,被赞誉代表了当代大学生的良好道德品质和精神风貌,用实际行动践行了社会主义核心价值观的真正内涵。

这三起事迹分别为:机电学院研究生尹琨隐瞒捐献骨髓一事,直到学校收到红十字会的感谢函,方知他捐献的造血干细胞成功救治了一名千里之外的白血病患者;商学院本科生秦丹丹在一公交车站看到一名陌生女子昏倒在地时,她在大雨中为女子撑伞遮雨陪护,直到救护人员和家属的到来;公共卫生学院研究生课题组秦露露等 6 名学生在益阳市七子浃村调研时,发现一名 50 岁的农妇不慎坠入河中,2 名学生跳入河中与 4 名在岸的学生携手把农妇救上岸,通过现场急救挽救了农妇的生命。

三起救人事迹被广泛传播后,另一种声音也随之而来:"大学生救人到底算不算个事?"对于这种质疑,我们始终坚信高尚的、先进的人和事才是社会的主流,不会被小众扭曲。

### 一种文化积淀一种品格

荣格曾说,一种文化积淀一种品格。积淀当代大学生品格的文化包括中国优秀传统文化,近代以来历经革命、建设、改革以来积淀的先进文化和大学的精神文化。

《大学》作为"大人"之学,用"修身、齐家、治国、平天下"的文化逻辑奠定

了中国人的品格养成路径：勤勉修身、兼济家国天下。在百余年的革命、建设、改革过程中，继承和发展了社会主义先进文化，涌现出了一大批先进人物典型，为品格养成提供了可能。校园文化是中国优秀传统文化、社会主义先进文化的鲜活载体，在此基础上发展起来的独特的校园文化是大学生品格修养的沃土。

尹琨和秦丹丹的事迹被广泛报道后，面对旁人的追问，他们反复提及的是中南大学"知行合一、经世致用"的校训和"向善、求真、唯美、有容"的中南精神影响了他们，是经常涌现出的好人好事感染了他们。

### 优秀品格才能涵育高尚的行为

有什么样的教养和品格，就会激发人产生不同的行为，大学生也不例外。

大学生作为社会的先进分子，肩负"兼济天下"的使命，对于救人事迹，其他人可以袖手旁观，但大学生不可以不作为；其他人可以为所欲为，但大学生必须始终是真的、善的、美的。

诚然，大学生正处在心理、思想冲突的关键期，在成长中需要改正的缺点如自我、冷漠、责任意识不强等，与社会对大学生群体的高期待还有落差。但在他人面临危难之际，大学生能义不容辞地伸出援助之手，决非一时冲动之举，而是在优秀品格涵育下释放的高尚行为。

研究生课题组一改以往救人流血又流泪，甚至牺牲自己的悲剧，而是发挥团队协作精神和专业技能理性救人，体现了在中南大学"知行合一、经世致用"的品格涵育下才有的高尚行为。

### 友善当成为大学生的公众形象

弘扬大学生救人事迹是为了引领更多的大学生主动投身到践行社会主义核心价值观中来，将个人梦融入实现中华民族伟大复兴的中国梦里来。

"大学生救人到底算不算个事"表面上是一个短期的争议，实则掩藏了社会对大学生公众形象的质疑，如"垮掉的一代""脆弱的一代"。这些从反面警示高校师生，必须用"友善"的品格、姿态、行动树立起当代大学生良好的形象。

在各种质疑、争论面前,我们呼吁全社会能端正一个立场:大学生必然是建设中国特色社会主义的主力军,一代更比一代强。

(来源:中国新闻网 http://www.hn.chinanews.com/news/2015/0705/243572.html)

### 中南大学救人"群像"折射"向善求真"育人校风

刘柱　王轩　陈文

中南大学商学院本科毕业生秦丹丹带着培养她、涵养她四年的中南文化和精神,即将走上工作岗位。"不管我将来走到哪里,从事什么工作,传递中南正能量是我的责任。"秦丹丹离开母校时承诺。

今年4月7日,秦丹丹在一公交车站看到一名陌生女子昏倒在地,立即为其撑伞遮雨陪护,直到救护人员和家属到来。她的善举被路过的市民用手机拍下上传至网上后,引发网友点赞潮,被赞为中南"最美女生"。

"这真是一件小事,不值得一提。"秦丹丹说,"这应是每个中南人固有的爱心、责任、善良和担当。"

秦丹丹的大学四年,就生活和学习在有爱心、责任、善良和担当的"中南模式"氛围中。

秦丹丹掰着指头告诉记者,仅她就读的商学院,就先后有郑传均老师在桂林勇救落水女童、王超老师停车救人、班长林海燕在银行实习时背着昏倒的客户到医院救治……"这种力量感染了我,也激励着我身边的所有同学"。

榜样的力量同样激励着尹琨。今年3月,即将毕业的机电工程学院研究生尹琨,搁浅毕业论文必须做的科研实验、冒着不能毕业失去已签约工作的危险,勇敢地捐献骨髓并向所有人隐瞒,直到学校收到红十字会的感谢函,学校才知道他捐献的造血干细胞成功挽救了一名千里之外的"80后"年轻母亲的生命。

"十个点完全配型成功,突破十几万分之一的概率,一条鲜活生命,如果我不救就没人能救了,我没有理由拒绝捐献。"因怕家人担心阻止捐献,尹琨没有把这个决定告诉父母和身边的老师和与同学。"在我之前，学校有过两例成功捐献造血干细胞的案例，他们就是我的榜样，这更加坚定了我捐献的决心。"

中南大学党委书记高文兵认为，一个典型就是一面旗帜，可以带动一大片，产生"一花引来万花开"的效应。大学作为人才培养的摇篮和道德高地，理应肩负起弘扬正气，传递正能量的重要责任。"中南大学之所以典型人物和优秀事迹频出，是一代又一代中南人积淀起来的优良文化和精神为其提供了沃土"。

正如一位网友所说，"一种文化积淀一种品格，优秀品格才能涵育高尚的行为，在同一所高校，短时间内能连续集中发生多起救人事迹，看似偶然，实为必然。"

正是这种有凝聚力的中南文化和精神，吸引了更多优秀学子来中南大学深造。

公共卫生学院博士生杨杨告诉记者，他本硕在外校就读，之所以到中南读博就是慕名中南大学的文化和精神。他说自己至今还牢记着开学典礼上张尧学校长阐述的"知行合一、经世致用"的校训和"向善、求真、唯美、有容"的校风。

今年4月16日，杨杨等6名博硕士生调研团在益阳市七子浃村调研时，发现一名50岁的农妇不慎坠入河中，他和另外一名同学冒着生命危险跳入河水暴涨的河中，与4名在岸的同学携手把农妇救上岸，并通过现场急救挽救了她的生命。

"作为一名医学生，救死扶伤就是我的本职工作，这也是导师一直教导我的。"杨杨很庆幸地说，"我为有幸能成为中南大家庭中的一员感到很自豪。"

"拯救每一条生命，维护每一个人的健康，已内化为我们终身的职责。"调研团救人者之一、博士生秦露露在中南大学度过了9年学习时光，"中南大学的校风已深入到中南学子的骨髓中，成为学子的一种精神力量。"

记者了解到，就在最近的5月8日，中南大学湘雅二医院薛志敏教授在万米高空的航班上救治癫痫症患者、6月16日中南大学辅导员于谦救助倒地受伤的路人……这样的正能量仍在不断传播。

"这样的事迹，不光发生在某个学院、某个老师或某个学生身上，而是全校性的。"中南大学党委副书记高山表示，"好人好事在学校发生得太多了，我们都认为这是该做的事情，已成为师生的一种内化自觉行为。"

高山认为，中南大学这种自觉的链式救人事迹，折射出校风对师生产生了标杆效应，对引导师生树立正确的人生观和价值观产生了积极影响。"我们不仅要追求真善美的人生，更要形成高品位的校园文化和精神，为国家培养有德有用的人才，为社会的发展做出应有的贡献"。

（来源：中国新闻网 http://www.chinanews.com/sh/2015/07－06/7387857.shtml）

中国教育报

## "大学是一个民族的灵魂和炼钢炉"

### ——中南大学见义勇为现象解读

阳锡叶

近年来，中南大学师生见义勇为事件不断涌现，为什么这么多的救人事迹发生在中南大学师生身上，成为一种现象？记者就此采访了中南大学师生，试图找出背后的原因。

**"一种文化积淀一种品格，优秀品格才能涵育高尚行为"**

中南大学党委书记高文兵说："正如一位网友所评论，一种文化积淀一种品格，优秀品格才能涵育高尚行为。"在采访中，师生们说得最多的就是"知行合一、经世致用"的校训和"向善、求真、唯美、有容"的中南精神。

"湖湘文化的突出特点就是民族利益高于个人利益的集体主义价值观、突出的爱国主义传统指向以及个人对国家盛衰、民族兴亡的强烈责任感和使命感。"师生们告诉记者，在100余年的办学历史中，中南大学扎根于深厚的湖湘文化，涌现了许多为国家、民族奋斗终生，甚至不惜生命的大师与教授，他们的精神一直鼓舞着中南人。

"我是博士期间才慕名来到中南学习的，现在我还依然记得开学典礼上学校领导和老师们对我们讲述中南文化、中南精神的情景。每一位中南学子从入学起就在校训的警醒下学习、生活。"参与营救落水农妇的博士生杨杨说，"当时的行为是本能反应，但这和平时学校的教育分不开，长期的教育使我们心中为人民服务的宗旨早已扎根，知行合一是学校对每一位中南学子的要求与期盼，已经成为我们心中的信念。"

### "学生受关爱，才能确保形成健康人格和正确价值观"

近年来，针对高等教育存在的一些问题，中南大学进行了"教授治校""教授必须上讲台""24 小时对学生开放实验室""破格提升 22 岁教授""教授可提出自主设置二级学科""青年学者可招收指导博士生"等改革。

改革的一个核心要素就是体现对教师和学生的尊重。

"在学校里被关爱、受重视、找到归属感，才能确保一个学生形成健康人格和正确价值观。"中南大学研工部部长赵永正说，学校十分注重在精神层面上关怀学生，比如开放校长信箱，校长张尧学每天亲自处理学生投诉，投诉与职工年终奖直接挂钩。

"我们还把学生工作委员会与教授委员会、学术委员会一并列入大学章程，将其作为学校民主管理的一项长期固化的制度性安排。学生工作委员会主任委员由常务副校长担任，委员中师生各占 50%，让学生能够便捷地表达意见和建议，与学校平等协商事关学生切身利益的重大事宜，目前已形成高质量提案近 100 件，处置学生诉求信息 700 余条。"赵永正说。

中南大学还投入巨资用于保障学生生活与学习。学校全面改造宿舍与食堂环境，对学生吃的每份菜补贴 10%，拿出 1 亿多元为宿舍安空调，每年每门课给学生配备 20 万元实验经费，2014 年发放奖学金近 3 亿元。

对此，商学院金融专业 2015 届毕业生秦丹丹颇有感触。她说："我来自河南农村，家庭经济比较困难，母校给予我经济资助和生活关心。2012 年暑假，我脚被烫伤，班导师和辅导员老师赶来看望，学院的爱心酬勤基金为我解了燃眉之急。因为这些关怀和帮助,我有了更多的爱心和责任感,使我在看到有人需要帮助的时候没有丝毫犹豫。"

**"走在创新之前的,应该是人类良知的传承和学生价值观的塑造"**

培养什么样的人,怎么样培养人,始终是教育的终极命题。

对此,张尧学说,大学是知识的海洋、神圣的殿堂,是一个民族的灵魂和炼钢炉。大学要把社会上不好的东西"冶炼"掉,把"杂质"去掉,留下正义、良心。

张尧学说,创新很重要,但走在创新之前的,应该是人类良知的传承和学生价值观的塑造。

为此,中南大学把课堂作为教书育人主阵地,把教授作为教书育人责任主体,强力推动教授回归讲台,从2012年9月起,在职称晋升、岗位定级、年终考核、津贴发放等方面严格执行"本科生教学工作一票否决制"。教授、副教授给本科生授课的课表和实施情况,通过校园网络系统向全校师生公开。未经本科生院同意,不得任意调整授课教师。

中南大学把90%的绩效金分配给教学岗位。如今,一名国家二级教授每周给学生上4小时课,就可以有20万元至30万元的年收入,不必再为拿不到科研任务而苦恼。2014年,学校教授、副教授给本科生上课比例为100%。

"我一直希望自己是一个靠谱的老师,影响更多学生成为靠谱的学生。"曾经勇救落水儿童的商学院副教授郑传均说。

研究生救人团队的导师徐慧兰教授说,导师在研究生成长与发展中扮演重要角色,导师的言传身教直接关系到研究生的培养质量。"我在平时对学生的教导中,要求每个学生都承担起一份社会责任。"

在中南大学,还建立起了一整套育人体系。就拿大学生志愿服务和社会实践活动来说,学校构建了面向课堂的明德体系、面向校园的互助体系、面向社会的回报体系、面向校友的感恩体系,有关成果5次得到党和国家领导人的批示肯定。

(来源:《中国教育报》2015年7月8日第1版)

经济日报

## 扛起责任"致青春"

刘　麟

左下图　图为中南大学获得"道德风尚标兵"荣誉称号的同学们。
上中图　尹琨捐献骨髓后，与师生们合影。
右下图　秦丹丹救人现场。

　　拂过"毕业季"青春的欢笑与离别的泪水，中南大学机电工程学院 2012 级硕士毕业生尹琨、商学院 2011 级金融专业本科毕业生秦丹丹收获了一份母校赠予的特殊毕业礼：6 月 14 日，中南大学召开表彰大会，授予尹琨、秦丹丹等 8 名学子"道德风尚标兵"荣誉称号。

　　"他们的荣誉实至名归！"中南大学党委书记高文兵说，尹琨无偿捐献造血干细胞、秦丹丹冒雨撑伞救人、公共卫生学院研究生课题组勇救落水老人等中南学子见义勇为的事迹经网络传播后，"靠谱体"迅速走红，并引发"争做靠谱青年"的热潮。不少人好奇：什么样的学校培养出如此靠谱的好青年？高文兵认为，事发偶然，实则必然。"中南大学积淀百年的校训'知行合一、经世致用'，教导学子们内修其身、致用其外；浸润百年的校风'向善、求真、唯美、有容',影响着每个中南人。"

前临"漫江碧透"的涛涛湘江,后倚"万山红遍"的巍巍岳麓,传承千年的湖湘文化与中南大学的现代教育融合造就了一批批靠谱的"中南好青年",他们用实际行动谱写着"中南好故事"。

### 志愿捐献造血干细胞的青年

2015 年 3 月 8 日,习惯每天搭尹琨电动车去实验室的贾广成突然找不到他了。这一天,尹琨的硕士导师李艳也在到处找他:"这个学期就要毕业了,论文的事得抓紧!"班上的同学也很着急:"奖助学金的评选马上就要开始了,作为班长,很多事都需要他来处理。"到了晚上,尹琨还是没有消息,也没有回宿舍。

3 月 9 日,一份由湖南省红十字会发给中南大学的"感谢函"解开了大家的疑惑:感谢尹琨同学志愿为配型成功的病患捐献造血干细胞。得知尹琨"下落"的老师和同学立即赶往湘雅三医院内科大楼病房,迎接他们的是尹琨灿烂的笑容。

2013 年 4 月 20 日,尹琨志愿成为一名造血干细胞捐献志愿者。"2014 年 9 月 5 日,我接到长沙红十字会打来的电话,告知我与求助的一位白血病患者初配型结果相合,询问我是否愿意捐献造血干细胞来挽救这个生命。我听到这个消息时非常激动,第一反应就是:我应该救她!"2014 年 9 月 19 日,尹琨抽取了 5 毫升血液样本进行高分辨检验;2015 年 1 月 27 日,体检通过后,工作人员问他是否要告知父母,因为曾经有志愿者因家人的反对放弃捐献。尹琨拒绝了。"不是怕父母反对,而是怕父母担心。其实捐献骨髓也不是多大的事。"尹琨在回忆当时的情景时一脸轻松地说。

据记者了解,捐献造血干细胞并不像他说的那么轻松。由于尹琨的受捐助者是名年轻女性,从尹琨身上采集的造血干细胞要比正常采集量多一倍。一般情况下,捐献者每天只注射一次动员剂促进造血干细胞大量生长,而尹琨要早晚各一次。在此期间,他要忍受心跳加快、背部酸痛等痛苦。3 月 12 日,尹琨开始了干细胞采集,以 5 小时的手术完成了一次"生命传递"。

术后,尹琨收到受捐助者托红十字会工作人员转达的感谢:非常感谢您能够无私给我捐献,让我还有时间去陪伴我4岁的儿子!让我还有时间去赡养我的父母!让我还有时间去感受生活!让我有时间去爱这个世界上每个爱我的人……"生命如此脆弱,生命又是如此神奇!这大概就是缘分。"尹琨笑得有些腼腆,却很满足,"老师曾多次教导我们,身为大学生,应该有乐于奉献的精神,我只是做了很多人都会做的选择。"

### "最美女生"雨中定格温暖

2015年4月7日,长沙倒春寒,然而随着一篇题为"救人的善举雨中的定格"的微博在网上热传,一位名叫秦丹丹的中南学子为这座城市注入了一股暖流,传递着美好。

4月7日上午8点半,长沙下着大雨,秦丹丹在撑伞返校途中,发现一位女子昏倒在地。"当时天气很冷,我发现她时,她的嘴唇和手都在发抖,脸色苍白。"秦丹丹赶紧上前询问,顾不上被雨淋,把自己的伞为女子撑着,"她很虚弱地说出'很冷'两个字,指着一张掉在地上被雨水打湿的纸,让我联系纸条上的号码。慢慢地,有不少路人停下来询问要不要帮忙,有人打120,也有围过来挡风的。"秦丹丹回忆说。半小时后,女子家属和120救护车陆续赶到现场,秦丹丹才安心返回学校。

秦丹丹雨中撑伞救助路人的善举被市民用手机拍下,并告知她所在的商学院。学院辅导员陈文将事情的经过通过微博发布后引发广泛关注,秦丹丹被赞为中南"最美女生"。

"其实大家关注的,也许不是我这个人,而是在遇到那个情景时我表现出来的勇气和善意。"在接受记者采访时,秦丹丹感慨万千,"如果真让我找个缘由,可能就是出于中南人固有的爱心、责任、善良和担当。"秦丹丹来自河南一个小山村,家境贫困。"大学四年,中南大学给予我很多资助和关心……促使我有了更多的爱心和责任感,让我在看到有人需要帮助时没有丝毫犹豫。滴水之恩,当涌泉相报,也许不一定要回报给某一个人,但一定要给需要帮助的人。"

### "危急时刻,我们必须出手"

心存善良,外化于行。在尹琨看来,捐献骨髓这个事儿,"没什么好提的";在秦丹丹看来,雨中撑伞,不过是"举手之劳"。而在秦露露、杨杨、张婷、蒋芳凡、胡召、高凡看来,4月16日亲身经历的那一幕,"救"与"被救"之间最宝贵的,是对每个生命的尊重与珍惜,是对专业救援知识和齐心协作团队精神最好的诠释。

他们6人来自中南大学公共卫生学院社会医学与卫生事业管理专业,因参与导师徐慧兰的研究课题,在湖南省益阳市30个村为当地老人做免费糖尿病检测和干预。

4月16日上午11点20分,他们按计划准备到达七子浃村。"意外发现距离我们大约20米的河水中,好像有人上下浮动。考虑到七子浃村河道纵横,加之因下雨河水暴涨,大家提高警觉,快步走近一看,发现是名女子在水中挣扎。"救人心切,小队长秦露露询问组员:谁会游泳? 会游泳的下去救人,其他在岸上接应。胡召和杨杨一边回应"我会",一边麻利地跳入水中。"有人落水了!"岸上的4名同学大声呼救,并准备接应胡召和杨杨。

胡召和杨杨奋力游到落水女子身旁,将她艰难地往岸边推。岸边的同学则倚靠河边的一棵树站稳,拿着找来的木棍向胡召和杨杨喊叫示意。2人拉住岸边伸过来的木棍,使出浑身力气终于将女子救上岸。因长时间溺水,被救上岸的女子生命体征极弱。杨杨立即实施心肺复苏术,这位女子开始有了自主呼吸。当附近村民赶来时,女子生命体征趋于平稳。"一个生命终于从死神手里拉了回来,虽然那时我们筋疲力尽,但内心都非常欣慰。"杨杨回忆起当时的情景,仍觉得惊心动魄。

6名学生舍身救人的消息经媒体传播后,其训练有素的团队协作精神和专业技能,得到了社会一致好评。"舍身的勇气,默契的协作,这是大学生应该采取的理性救人行为,更是在中南大学培育下应有的高尚行为。"徐慧兰骄傲地说,"'先做好人,再做好事。'优良的道德品质是最为重要的东西。共同的科研任务,更培养出6人心照不宣的默契。"

(来源:《经济日报》2015年7月5日第08版)

红网

### 中南大学90后研究生毕业前捐骨髓被赞"最帅毕业生"

（病床上尹琨笑得有些腼腆，却很知足）

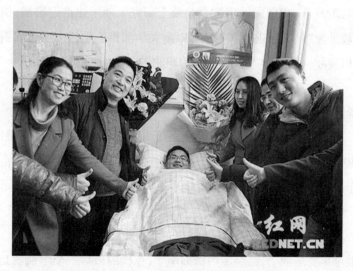

（90后研究生尹琨被大家赞为"最帅毕业生"）

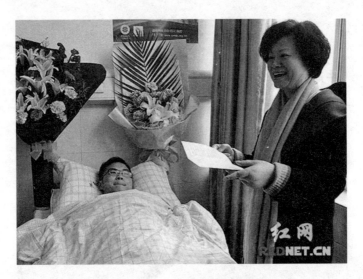

（红十字会工作人员转达被捐助者的感谢）

**红网长沙**　3月12日讯（记者刘怡斌　通讯员王建湘　张亚南）今天，即将毕业的中南大学机电工程学院研究生尹琨接受第一次采集造血干细胞，无偿捐献救治千里之外的一名白血病患者。师生们都说，他是"最帅毕业生"。

此前，2009年，中南大学建筑专业硕士研究生刘子建推迟婚期，捐献造血干细胞，被誉为"最美新娘"；2012年，中南大学湘雅医学博士生莫淼捐献造血干细胞，以实际行动践行"救死扶伤"的职业诺言。

### 好学生毫无征兆地"消失"了

3月12日一大早，几个好朋友就赶到了湘雅三医院内科大楼尹琨的病房，为8点30分开始做干细胞采集的好兄弟加油。湖南省红十字会、中南大学研究生工作部和机电学院的老师和同学来了。导师李艳也来了，她心里满是愧疚："这个学期尹琨就要毕业了，开学初的论文研讨会上，我还批评了尹琨，要他抓紧。不知道他当时做了这样一件事。我很佩服他。"

尹琨今年要毕业了，已经签约株洲南车，在校的最后一个学期就是安安心心做论文，给自己的校园生活画个漂亮的句号。可是，几天前，他居然毫无征兆地不见了！

3月8日,习惯了每天搭尹琨的电动车去实验室的七年同窗贾广成没有看到尹琨;这一晚,在老师同学们眼中一向沉稳、有分寸的尹琨没有回宿舍;3月9日,依然没有等到尹琨的贾广成耐不住了,拨通了尹琨的电话。电话那头的尹琨正安静地躺在湘雅三医院血液中心的病房里。而此时,中南大学也收到了湖南省红十字会发来的感谢函:感谢尹琨同学志愿为配型成功的病患捐献造血干细胞。根据安排,尹琨将在3月12日开始进行第一次造血干细胞采集。

此时得知尹琨"下落"的老师和同学们略有一惊,但是对于正统好青年有这样的决定和举动,他们毫不意外。

### "他是一位好班长"

2008年入读中南大学机电工程学院的尹琨在同学眼中其实挺普通,和大家一样上课,课余和兄弟们一起征战球场、唱嗨歌厅,唯一有些不同的——他是大家公认的好班长。

辅导员彭辉丽是2010年下半年才开始接手尹琨这个年级的,全年级20个班,527名学生。在彭辉丽的印象中,尹琨当班长的这个班是最让她省心的。在学习和工作上自主能力都很强的尹琨把班里的各项事务都处理得非常好。"他会定期来找我汇报工作上的事,但从来不是把问题抛给老师,而是提出解决方案,和我像朋友一样,一起商量。"在彭辉丽看来,90后尹琨负责任、有担当,是个很正统的青年。

在同班同学的眼中,尹琨绝对是个好班长。同学七年的李洪宾觉得尹琨"很操心",班里大大小小的事务他都操心,像评选奖助学金这样容易产生矛盾的事情,尹琨更是处理得妥妥当当,公平而不失情谊,所以,同学们都很尊敬这个班长。

同学周密还记得,大三暑假实习期间,有一次下大雨,同学们都传说可以不用去实习了。尹琨在向老师确认需要正常实习后,冒着大雨,一个一个通知班上的同学。那天,班上30位同学都按时出现在实习课堂,与同期实习的其他两个班惨淡的出勤率形成强大反差。在尹琨的带领下,2011年,他们班荣获中南大学"优秀班集体"称号。

**捐献"有什么好提的"**

"父母在老家做生意，他们至今不知道，怕他们担心。其实我上网查过，（捐献骨髓）没多大的事。"躺在在病床上的尹琨一脸笑容、一脸灿烂。

大家怎么也没想到，捐献骨髓这样救人一命的事，尹琨也这样不声不响地就自己做了。

红十字会登记的资料显示，2013 年 4 月 20 日，尹琨志愿报名加入中国造血干细胞捐献者资料库；2014 年 9 月 5 日，他与求助的白血病患者初配型结果相合；2014 年 9 月 19 日，采集尹琨 5ml 血液样本进行高分辨检验；2015 年 1 月 27 日，体检通过后，工作人员问他是否要告知父母，因为曾经也有志愿者因为家人的反对放弃捐献。尹琨拒绝了，不是怕父母反对，而是怕父母担心。

得知消息的同学们也有些责怪尹琨，这么大的事怎么都没听提过。尹琨笑着说：这有什么好提的。没事儿！

**千里之外的感谢**

红十字会工作人员向尹琨转达了远在千里之外的被捐助者的感谢。对方是一位 80 后年轻母亲，虽然家庭并不宽裕，但她还是送来一份精致的礼物——一块精致的手表。

这位年轻妈妈在精心制作的卡片上写道：非常感谢您能够无私给我捐献，让我还有时间去陪伴我 4 岁的儿子！让我还有时间去赡养我的父母！让我还有时间去陪伴我的丈夫！让我还有时间去享受阳光！让我还有时间去仔细感受生活！让我有时间去爱这个世界上每一个爱我的人……

（来源：红网 http://edu. rednet. cn/c/2015/03/13/3622986. htm）

## 中南大学一女生冒雨救人淋雨撑伞半小时

汤红辉　沈梦艳

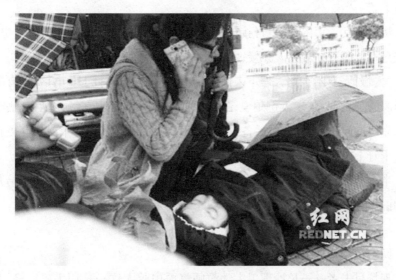

（4月7日，大雨，女子低血糖雨中倒地，秦丹丹在旁撑伞半小时）

"冷的时候更能感受到温暖。"在倒春寒肆虐的长沙，一股温暖在传递。今日，一篇题为"救人的善举雨中的定格"的微博在网上热转，文中写到"学生为陌生女士撑伞半小时，拨打紧急电话，和路人一起帮助其苏醒，直到她的亲友赶来……"湖南中南大学商学院金融1101班秦丹丹同学暴雨天救倒地路人的事迹被其学院辅导员陈文@CSU_陈文子贴上网，网友纷纷好评，为其点赞，称"太暖心"。

### 她在雨中为病人撑伞半小时

4月7日上午8点半，长沙气温不到10度，天下着大雨，身着一件薄毛衣的秦丹丹哆嗦地撑着伞刚从驾校练完车回学校，大风天伞也不听使唤的摇摇晃晃，短短1000米的路秦丹丹走了20分钟，"走到清水路磨子山站牌时，就看见一个中年女子倒在路边。"

"当时她嘴唇和手都在发抖，脸色苍白，衣服都被雨打湿了。"秦丹丹赶紧上前询问怎么回事,也管不上自己被雨淋,把伞撑过去为女子撑着,"在交谈过程中,她突然握住我的手,手冻得跟冰块一样,可能是没吃早餐加上天气冷,低血糖了。"

从倒地女子手中,秦丹丹接过一张纸条,上面写着女子家人的联系电话,秦丹丹打电话通知其家人并接过路人递来的大伞撑着伞等待120的到来。

"慢慢地,有不少路人停下来询问要不要帮忙,有人打120电话,也有围过来挡风的。"她回忆,走近倒地女子的时候,一名清洁工也在场,随后一辆车开过来靠边询问,车主倒车将后备箱打开为倒地女子挡雨,并将车内外套裹在倒地女子身上以防其因受凉让病情加重。

半小时后,女子家属和120救护车陆续赶到事发现场,将女子转交给其家属和医生,秦丹丹才安心回到学校。

### 网友:"中南最美女孩"太暖心

现场目击者——长沙理工大学教师将雨中救人这一幕用手机定格,并将此事反映给了中南大学商学院院方,院方年级辅导员陈文@CSU_陈文子将此事发至微博,新浪湖南官方微博也就此事发文,网友一片热议称赞。

"很善良很美丽""为隔壁邻居点赞""天冷心不冷""中南最美女孩""好样的"……在一片赞美声中,网友@云中杜康留言感叹,"正能量爱心暖人心!"

中南大学官方微博@中南大学也对此文进行转载并写下"雨中的一抹美景,温暖人心,中南女孩好样的!"的评论,再一次引发转载热潮。

"离开校园做一个纯粹的社会公民,抛下大学生的光环,纯粹、务实的精神越来越难得。"网友@七七七梦在留言中称赞,"太暖心! 这才是大学生该有的样子!"

### 他们眼中的她
#### 同学:烈日暴雨都会帮忙去拿快递

"朋友有事打个电话找她帮忙,从来没说过一个不字",在同学程贝贝眼里,秦丹丹乐于助人,独立自主,是个性格直爽、坚强乐观的姑娘。

据程贝贝了解,秦丹丹来自河南安阳一个农村,家中有一个弟弟在读大三,父亲身体不好常年在家,少有工作收入,对于一个农村家庭而言,培养两个大学生的重担全在母亲一个人身上。

"去年暑假两个月她都留在学校勤工俭学,打水的时候脚被开水烫得很严重,她都没告诉我们,都是自己照顾自己。"就读于中南大学商学院会计 1101班的程贝贝和秦丹丹都是河南人,但不在一个市,大二时一次偶然聚会,让她认识这个仗义的朋友。"朋友有急事找她借钱,她二话不说都会把自己攒下来的钱送过去,对朋友好的没得话说。"

程贝贝担任学生干部,经常开会没时间拿快递,最让她感动的是,只要秦丹丹在学校,接到电话,烈日暴雨都会跑出去帮我拿快递。

**老师:她每年都拿奖学金**

作为金融专业唯一一个在毕业前半年就签约华为公司的学生,年级辅导员陈文称对秦丹丹这个名字早已不陌生。

"品学兼优,每年都拿奖学金。"说起秦丹丹,陈文满是赞许,身为班级生活委员的秦丹丹为人低调,默默为班级付出的她获得同学投票肯定,2014 年,在37 人的班级里,秦丹丹获得三分之一的入党宝贵名额成为一名中共党员。"课余生活也相当充实,每次学院有勤工俭学、创新创业立项、志愿的活动都能看到她报名。"

出于传递爱心,弘扬美好品德,陈文称发微博将此事曝光是希望秦丹丹助人事迹能够让更多学生学习,传播正能量。

(来源:红网 http://hn. rednet. cn/c/2015/04/08/3646424. htm)


中国妇女报


## "在遇到他人生命危急的时刻,我们必须出手"

邓小波　　王建湘

短短两个月内,中南大学发生了三起学生勇敢救人的光荣事儿:今年3月,机电工程学院研究生尹琨接受造血干细胞采集,成功救治了千里之外的白血病患者;4月,商学院2011级学生秦丹丹在街头救护了一名晕倒在地的陌生女子;时隔9天,公共卫生学院博士生秦露露为首的课题组,在农村做调查时救起一名落水的农妇。

秦丹丹在接受记者采访时道出了中南大学救人群体的共同心声:"在遇到他人生命危急的时刻,我们必须出手。我相信,每一个中南学子都会毫不犹豫地这么做,用爱,用勇敢,用责任托起生命的希望!"

### 6人课题组:"拯救生命是医者天职"

今年4月,中南大学公共卫生学院社会医学与卫生事业管理专业6名课题组的学生,来到益阳市30个村为当地老年人免费进行健康体检、糖尿病检测和干预。

6人分别是2013级博士研究生秦露露、杨杨,2013级硕士研究生张婷、蒋芳凡,2014级博士研究生胡召、高凡。4月16日中午,他们对益阳沅江市阳罗洲镇60岁以上的老人进行免费糖尿病筛查后,路过七子涝村时,组长秦露露突然发现前方河水中有位大婶溺水了。

"大婶已经无法出声,也无明显挣扎的迹象,说明她已经意识不清。必须马上把她救上来!"迅速作出判断后,6人中会游泳的胡召和杨杨马上脱掉鞋子,扔下手机,跳入水中。二人艰难地靠近溺水妇女,从背后将其抱起,将农妇手臂搭在他们的肩膀上努力使其头部保持在水面之上,然后紧紧搂住其腰部,奋力将其带向岸边。岸上四位同学则找来了借力的木棍,6人好不容易才合力将溺水大婶营救上岸。

接下来就是争分夺秒对已经失去知觉的大婶进行专业救治:将其头部侧向一方,清除口腔异物,开放气道,17秒内进行30次胸部按压,两次人工呼吸。在完成两轮心肺复苏之后,妇女口中吐出污水,恢复了一点意识,并开始有自主呼吸。稍后,意识基本恢复,生命体征基本平稳。6名救人的同学才终于松了一口气。

在护送大婶回家的路上,大婶流泪反复说着一句话:"如果没有你们,我这条命就没了。"

事后，对记者谈起这段救人经历，杨杨和胡召只是淡淡地说："人命关天，我们俩又会游泳，所以当时想也没想就跳进去了。我们之所以不感到害怕，是因为拯救生命是医者天职，何况岸上还有 4 名同伴在和我们齐心协力。这次下河营救大婶，其实是我们这些学医者另一种意义上的救死扶伤。"

**尹琨："这是一条人命，我必须救"**

今年 3 月 8 日，即将毕业的中南大学机电工程学院 2012 级硕士生尹琨突然"消失"在老师和同学的视野中。正当大家纳闷时，学校收到了湖南省红十字会发来的感谢函：感谢尹琨同学志愿为配型成功的病人捐献造血干细胞。根据安排，尹琨将在 3 月 12 日开始进行第一次造血干细胞采集。

红十字会登记的资料显示，2013 年 4 月 20 日，尹琨志愿报名加入中国造血干细胞捐献者资料库；2014 年 9 月 5 日，他与求助的白血病患者初配型结果相合。

尹琨告诉记者："2014 年 12 月高分辨检验配型结果出来了，我与这名白血病患者配型相当好，十个点位全部吻合，我高兴极了，有种中头彩的感觉，同时，我也很感慨，生命如此脆弱，生命又是如此神奇！这大概就是缘分吧！这是一条人命，我必须救！"

由于尹琨的被捐助者是一个成年人，因此，从尹琨身上采集的造血干细胞要比正常采集量多一倍。一般情况下，捐献者每天只用注射一次动员剂，而尹琨却要早晚各一次。在此期间，他要忍受着心跳加快、背部酸痛、头皮发胀等像重感冒一样的痛苦。在接受了连续 5 天的早晚动员剂注射后，3 月 12 日，他终于迎来干细胞采集工作，他捐献的造血干细胞挽救了被捐助者的生命。

红十字会工作人员向尹琨转达了远在千里之外的被捐助者的感谢："尹琨同学，非常感谢您能够无私给我捐献，让我还有时间去陪伴我 4 岁的儿子！让我还有时间去赡养我的父母！让我还有时间去陪伴我的丈夫！让我还有时间去享受阳光！让我还有时间去仔细感受生活！让我有时间去爱这个世界上每一个爱我的人……"

7月3日,身体已经恢复的尹琨笑着对记者说:"我只是做了力所能及的一件事,而这件事能挽救一条生命,所以我非做不可,并为这样做了感到幸福。"

(来源:《中国妇女报》2015年7月6日头版)

中国文化报

## 中南大学"道德风尚模范"弘扬社会正能量

邓雅琴

近日,中南大学师生的数起救人事件引起社会关注。6月24日,该校见义勇为事件的诸多主角及中南大学师生在该校汇聚,畅谈他们践行社会主义核心价值观、弘扬正能量的心路历程。

今年3月,中南大学机电工程学院研究生尹琨在准备论文答辩的关头,自愿进行造血干细胞捐献,被长沙市民誉为"最帅毕业生";4月,中南大学商学院秦丹丹在暴雨中发现陌生女士晕倒路边,当即为其撑伞至救护车赶到,这感人的一幕被拍下传到网上,网友称她"最美女孩";4月16日,正在益阳市阳罗洲镇七子浃村进行课题调研的该校研究生秦露露等6人,发现一名农妇在水中挣扎,头部快被淹没。杨杨、胡召两位会游泳的同学立即跳入河中施救,其余4人在岸边接应,共同将农妇救起并进行抢救,挽回了重度溺水的生命。"4.16研究生救人群体"获得"道德风尚模范集体"荣誉。

危难之际伸援手,当代大学生的高尚品质在他们身上践行,更在校园和社会上引起共鸣。

中南大学党委副书记高山表示,中南大学长期注重发挥典型引路的作用,培养了大批优秀学子。不断涌现的大学生道德模范群体和个人,与中南大学'知行合一,经世致用''向善、求真、唯美、有容'的文化氛围有很大关联。中南大学党委书记高文兵在对大学生道德风尚模范集体及标兵表彰时表示,大学作为人才培育的摇篮和道德高地,理应肩负起弘扬正气的重要责任。

(来源:中国文化报2015年7月2日第10版)

三湘都市报

## 河北女子昏倒长沙街头
## "最美女生"雨中撑伞守护

张洋银　刘倩

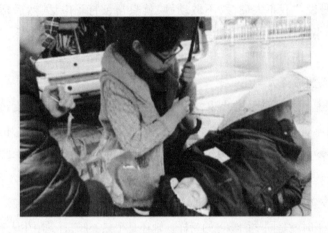

秦丹丹在暴雨中为昏迷女子撑伞守护。

### 核心提示

4月7日早上8点多，中南大学大四学生秦丹丹从驾校练车返校途中，偶遇一名女子晕倒在路边。当时正下着大雨，春寒料峭，秦丹丹并没有"一走了之"，而是帮助女子联系了救护车并通知了其亲友，暴雨中为其撑伞挡雨半小时，不离不弃。直到她被送上救护车，才悄然离开。

### 为陌生人撑伞半小时

"我从驾校练车回来后就看她躺在这边，看上去很虚弱，当我靠近她的时候，她指着旁边一张碎纸，很含糊地说'打电话'"，4月8日上午，在中南大学附近的清水路，秦丹丹向记者讲述了一天前发生的一幕。由于当天早上下大雨，路面潮湿，秦丹丹就主动凑上来帮助那名陌生的昏迷女子撑伞挡雨，并拨打了碎纸上的电话，联系上女子的朋友，同时她与周围的市民拨打了120。

就在秦丹丹一直默默站在雨中为昏迷女子打伞守护时,开车经过清水路的高校老师也加入了爱心守护队伍。他从车里拿出一件外套披在受伤女子身上,在简单询问情况后,他掏出相机记录了丹丹雨中撑伞的那一幕。

记者8日采访得知,昏迷女子30岁左右,从河北来长沙投奔朋友,人生地不熟,因长途奔波劳累加上又没吃早饭,半路上低血糖导致昏迷,现在已无大碍。秦丹丹说,"我不太懂医,不敢动她,就只帮忙打了电话,然后帮她撑伞挡雨,大概半小时后,她的朋友赶到了现场,不久后救护车也来了。"

### 网友点赞最美大学生

"这只是我力所能及的小事,没什么好宣传的。"这个瘦弱的女孩在接受记者采访时,不曾想到自己的无心之举会受到如此大的关注。原来,拍照的老师将照片转给中南大学校方,查询得知照片中的助人女孩正是商学院大四学生秦丹丹,上传微博后,引发了各路媒体及网友的转发点赞。有网友称,这是倒春寒中的友善正能量,这个女孩不仅长得甜,更暖心窝啊。

"丹丹平时就是同学们学习的榜样。她还是个热心肠,看到陌生人有难会去帮忙。"辅导员丁老师提到丹丹,脸上满是赞许。他告诉记者,丹丹在今年学校的招聘会大放异彩,成功签约某世界五百强企业。丁老师介绍,他对丹丹热心自强的个性印象最深刻:在课业之余勤工俭学,减轻了家庭不少负担,还年年荣获学校奖学金。

中南大学商学院院团委副书记陈文老师称,秦丹丹同学在校表现一直很优异,这次的好人好事又受到广泛关注点赞,学校可能会考虑给予嘉奖。众网友纷纷为丹丹点赞"中南最美大学生"。

（来源:《三湘都市报》2015年04月09日第A9版）

潇湘晨报

## 25岁研究生瞒着父母捐骨髓受捐者寄感恩信

赵颖慧

离毕业答辩不到2个月,25岁中南大学研究生小尹"瞒着"父母老师捐造血干细胞，受捐者千里寄信，感谢小尹。

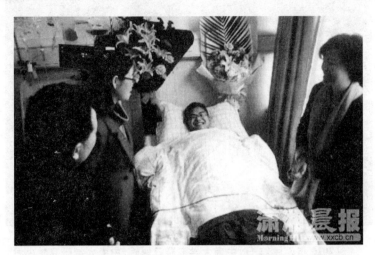

（2015年3月12日，中南大学湘雅三医院，中南大学研究生小
尹瞒着老师同学，捐赠骨髓。随后，老师同学们得知后都到医院看
望他。图/潇湘晨报记者陈勇）

3月9日，一个座机号码打通了中南大学机电工程学院副教授李艳的电话，"说我的学生小尹参加了造血干细胞捐赠，"李艳说，"我吓了一跳，甚至在想是不是诈骗电话。"直到李艳收到"中国造血干细胞捐赠者资料库湖南管理中心"的致谢信和公函，她才知道，"原来，这是真的。"而此时，离小尹研究生毕业答辩不到两个月时间。"当我知道，我的血可以救一个人时，什么都没想了。"小尹说，"也没告诉父母，怕他们担心。"

3月12上午10点，中南大学的师生获知小尹捐造血干细胞的消息后，捧着鲜花，纷纷赶来探望。躺在病床上的小尹，戴着一副黑色边框眼镜，见人进来，立马露出笑容，两个手臂上都插了管子，红色的血液充满分离管，连接起血细胞分离机，造血干细胞的采集需要5个多小时。李艳老师嘱咐他，"捐完后，好好休息，到时候我们全力以赴做论文，顺利毕业。"

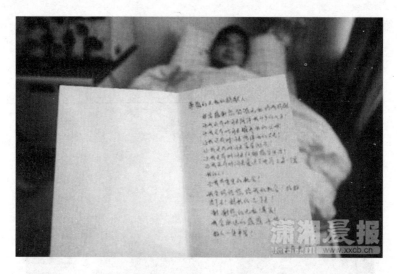

（2015 年 3 月 12 日，中南大学湘雅三医院，中南大学研究生小尹瞒着老师同学，捐赠骨髓。他收到受捐者给写的卡片和礼物。图/潇湘晨报记者陈勇）

　　小尹笑着说，当他得知配型成功时，有一种奇妙的感觉，"意味着我的造血干细胞，可以让地球上的另一个人继续生活下去，我们今后将流着同样血型的血。"病房里，从北京一家医院赶来的曹艳超安静地站在一旁，她是受捐者的"信使"，带来了一封信、一件礼物和一声感谢。

　　湖南省红十字会中华骨髓库湖南分库主任何一平，在征得小尹同意后，郑重地打开信封，将受捐者的信念给大家听，"尊敬的无私的捐献人，非常感谢您能够无私给我捐献，让我还有时间去陪伴我 4 岁的儿子！让我还有时间去赡养我的父母！让我还有时间去陪伴我的丈夫！让我还有时间去享受阳光……"

　　她念完信，擦擦眼角的泪说，"按照惯例，我不能告诉大家受捐者的名字，但是可以说的是，她是一个 80 后母亲，独生女，有一个 4 岁的儿子，父母身体也不是特别好，小尹的捐赠，给了她第二次生命""我登机前，受捐者的母亲，一路把我送到机场，反反复复叮嘱我，一定要给捐赠者道一声感谢！"曹艳超说。

　　（来源:《潇湘晨报》2015 - 03 - 14）

农民日报

## "生死之间，我要伸出这双手"

### ——中南大学学生救人优秀事迹侧记(上)

杨娟　张振中

落水农妇，生死一线，两名青年学子毫不犹豫跳下急流，岸上4名同学齐心协力，用六双手成功托举出了生命的希望。

突发疾病晕倒的路人，正待紧急救援，风雨之中，一位女孩毫不犹豫地冲上前去，默默为路人撑起一把"爱心伞"，这把伞一直撑到救护车赶来。

身患白血病的陌生人，危在旦夕，千里之外的湖南长沙，一位骨髓配型成功的毕业生选择伸出援手，捐献造血干细胞，让患病的年轻母亲重获新生。

伸出援手的他们，有一个相同的身份——中南大学的学生；他们有同样的善心、同样的善举——"生死之间，我要伸出这双手"。

**最强团队：用六双手托举生命的希望**

"远处的深渠里好像有人，是不是落水了？"2015年4月16日中午，一声惊呼，打破了湖南省益阳沅江市阳罗洲镇七子涞村的宁静。当时，中南大学公共卫生学院社会医学与卫生事业管理专业的6名学生——2013级博士研究生秦露露、杨杨，2013级硕士研究生张婷、蒋芳凡，2014级博士研究生胡召、高凡，在对该镇60岁以上的老人进行免费糖尿病筛查后，路过七子涞村时，突然发现异常。

"会游泳的下水救人，其他的岸上接应！"就在小组长秦露露发话之时，胡召和杨杨马上脱掉鞋子，先后跳入急流。

"有人落水了，有人落水了！"岸上的4名同学一边大声呼救，一边准备接应胡召和杨杨。奋力游到水中央，胡召和杨杨自己也陷入困境：体重约160斤的大婶早已丧失意识，这无疑增加了施救难度；河岸陡峭，上面布满湿滑的青苔，两人一步一滑地架着大婶往岸边挪。

眼看水里的同学快要体力不支，秦露露赶紧找来一根木棍，站稳并伸出木棍,向胡召和杨杨喊叫着示意。听到示意,两位同学拼尽力气,向岸边游去,一把拽住木棍,6 人连拉带拽把大婶托举上岸。

被救的大婶已经不省人事。杨杨马上运用专业知识,对她进行抢救。不久,大婶开始恢复意识。事后得知,62 岁的大婶卜友珍事发时在水渠边干农活,天气炎热,体力不支的她一不小心踩空,掉入水渠中。

"感谢你们伸手救了我的命。"护送大婶回家的路上,她含着泪用方言喃喃念叨。

### 最美女生:风雨之中撑起"爱心伞"

4 月 7 日上午,大雨,长沙市清水路磨子山公交站,一女子突然晕倒在地。就在此时,中南大学商学院金融 1101 班的秦丹丹见状立即冲上前去,蹲下来紧紧握住女子冰冷的手。

从女子手中,秦丹丹接过一张写有家人联系电话的纸条,她打电话通知其家人后,接过路人递来的伞等待着 120 的到来。温暖的画面定格在路人心里,秦丹丹因此获赞"中南最美女生"。

两天后,被救女子打来电话以表谢意。腼腆的秦丹丹笑着说:"这只是举手之劳,比起这些年我获得的各种帮助,这真的算不了什么。"

"国家助学贷款和学校的多项奖助学金资助我完成了学业;在我脚烫伤的时候,班导师和辅导员老师赶来看望……"秦丹丹说,路人危难之中做出施救的选择,源于母校中南大学对自己的关怀和帮助,源于善心、善行不断接力的职责和使命。

### 最帅毕业生:伸出援手捐献造血干细胞

尹琨是机电工程学院 2012 级硕士生。今年 3 月,就在所有毕业生顶着巨大压力做论文、找工作的时候,尹琨突然"消失"在老师和同学的视野中。直到学校收到湖南省红十字会发来的函:感谢尹琨同学志愿为配型成功的病人捐献造血干细胞。根据安排,尹琨将在 3 月 12 日开始进行第一次造血干细胞采集。

真正了解尹琨的人,对他的这一决定不会感到意外。本科进入中南大学以来,尹琨连续献了5次血。2013年,他志愿报名加入中国造血干细胞捐献者资料库中心。

2014年9月5日,长沙红十字会的工作人员告知尹琨与一名白血病患者骨髓初步配型成功,询问他是否愿意捐献造血干细胞来挽救这个生命时,他很快答应了下来。

今年1月27日,各项体检通过后,尹琨做好捐献的全部准备。而这一切,他的父母和师友都毫不知情。由于被捐助者是一个成年人,因此,从尹琨身上采集的造血干细胞要比正常采集量多一倍。这意味着他要比一般捐血者承受更多不适。尹琨默默忍受着心跳加快、背部酸痛、头皮发胀等痛苦。3月12日,他终于迎来干细胞采集工作,开始了"生命传递"的历程。

"生命如此脆弱,生命又是如此神奇! 我庆幸自己做出这样的选择并坚持到底。"病床上的尹琨笑了,笑得很满足。同学们都说,尹琨是"中南最帅毕业生"。

（来源:《农民日报》2015年07月06日02版）

## "进退之间,我们要做靠谱的人"
### ——中南大学学生救人优秀事迹侧记(下)

张振中　杨娟

当农妇不慎落水时,在这千钧一发之际,博士研究生杨杨等6名学生选择了"进",以一个跃的姿势,跳入河中冒险救人。

当一名路人晕倒在地时,在这危难之时,本科生秦丹丹选择了"进",以一个蹲的动作,在大雨中为女子撑伞遮雨。

当一名白血病患者病危时,在这生死关头,硕士研究生尹琨选择了"进",以一个捐献的举动,主动捐"髓"成功救治了一位年轻的母亲。

在进退之间,中南大学的学生们没有退缩,毅然选择了"进",成功挽救了3个人的生命。

"我一直希望自己是一个靠谱的老师,影响更多人成为靠谱的学生。"没有豪言壮语,杨杨的导师徐慧兰和曾经勇救落水儿童的郑传钧老师如此淡然地给学生的救人行为定义。

拿什么来"靠谱"? 中南大学的师生给了一个响亮的回答:知行合一。

**用知识和理智去救人,中南大学学生接棒传递青春的正能量。**

救人学生群体"不盲干":用专业知识和理智行为挽救生命"服务群众,救死扶伤,具有良好的道德情操和文化素养,此为知;助人为乐,奉献爱心,舍身救人,遇到危难不慌不忙,有组织有分工地运用专业知识理智救人,此为行。"2013 年,慕名考到中南大学读博的杨杨,入校时写下了对校训"知行合一,经世致用"的理解。

仅仅一年半之后,攻读医学的杨杨就以一次救人的义举加深了对校训的感知。

说起当时的情景,杨杨至今还心有余悸,事发前几天连降暴雨,河水涨得很高,水底淤泥、杂草、莲藕枝十分多,对营救十分不利。

英勇但不能盲干。杨杨说:"如果不是当时水下配合默契,或是任何一个人被水底障碍物绊住或者体力透支;如果没有岸上 4 位同学及时接应配合,没有及时对大婶采取'清除口腔异物、开放气道、两次人工呼吸'的专业救治措施,不仅大婶可能无法顺利生还,我和胡召也可能有生命危险,那后果将是无法想象。"

"路人摔倒,你扶还是不扶?"当这样的问题牵扯着社会的神经时,90 后秦丹丹选择了扶——有策略地扶。

"当时下大雨,天气挺冷,我停下来观察,发现她已经昏迷,旁边放着一张有号码的纸条,我当即撑起伞为她挡雨,并联系了纸条上的号码。"秦丹丹说。

"相比起一个简单的扶的动作,秦丹丹'蹲下来撑伞挡雨'的一系列行为更为理智、更为清醒。"目睹这一现场的长沙理工大学谷老师感慨地说。

撑伞挡雨让冰冷的晕倒者感受到了温度。让一名白血病患者更感温暖的是,尹琨理智捐献造血干细胞,将千里之外的陌生人从死亡线上"拉"了回来。

"起初接到是否愿意捐献造血干细胞通知时,坦承说,我当时有点犹豫。"尹琨认为,在任何时候,救人都应该采取理智的方法。于是他查阅了相关的知识，包括捐献造血干细胞的流程、副作用以及关于捐献的数据统计，而且，他查阅到了中南大学曾有过两例成功捐献造血干细胞的案例，这更加坚定了他捐献的决心。

**救人学生"不孤单"：背后矗立着一个"靠谱"的团队**

短短两个月时间，中南大学就涌现了3起学生救人事迹。看似偶然、实则必然，因为在这偶然的背后，矗立着一个"靠谱"的团队，孕育着一种优秀的文化。

杨杨他们"不孤单"：2014年11月15日，航空航天学院、冶金环境学院辅导员等救助车祸受伤学子；2015年4月27日，商学院副教授郑传均勇救落水儿童。

尹琨捐献造血干细胞并不是个案：2009年12月30日，土木工程学院硕士研究生刘子建推迟婚期，捐献造血干细胞，被誉为"最美新娘"。2012年12月12日，湘雅二医院泌外移植科博士生莫淼捐献造血干细胞，用实际行动践行职业诺言。

秦丹丹不是"扶路人"的第一人：2014年10月2日，团委副书记金冠华与校团委组织部几位同学车祸现场救人；2015年3月4日，中南大学医生龚昊立救助地铁上突发癫痫的男子。

中南大学党委书记高文兵向记者介绍说："中南大学之所以典型人物辈出，是一代一代中南人积淀起来的优良文化为其提供了沃土，这种文化浓缩来说就是'知行合一、经世致用'的校训和'向善、求真、唯美、有容'的精神。"他分析，大学生作为经历了层层严苛选拔、接受高等教育培养的优秀人才，本身在承载更多社会期待的同时，也具备回馈社会更高期待的能力。

"越努力，越幸运；越奉献，越青春。"在同学当中，"靠谱"的秦丹丹最早签约单位，成为世界500强公司的一名职员，同时也光荣地成为了一名共产党员。

今年7月初毕业离校前，秦丹丹将印有"知行合一、经世致用"校训的T恤衫小心地珍藏起来，随身带走。她说："心存校训，身体力行，临危救人，这是母校赠与我最难忘的毕业礼。"

（来源：《农民日报》2015年07月07日02版）

长沙晚报

## 河北女子晕倒长沙街头　五市民雨中守护半小时

邓艳红

一位冒雨为晕倒街头的陌生人撑伞的中南大学女学生成了"网络红人"。昨日，网友 CSU - 陈文子在微博上晒出女学生救人的图片，并评论"救人的善举，雨中的定格"。网友也纷纷留言称赞，女学生的善举在倒春寒的天气里暖人心窝。昨日，记者联系到了这位雨中救人的女学生，她是中南大学商学院金融专业大四学生秦丹丹。秦丹丹告诉记者，这只不过是举手之劳，当时救人的有五个人，她只是其中之一。

前日，中南大学学生秦丹丹在回校路上遇到一名昏倒在地的女子，她和四位市民一起在雨中守护女子半小时。网友供图

### 五位好心市民为女子撑伞挡风

前日，长沙大雨。上午 8 时左右，秦丹丹在驾校练完车后往学校赶，在中南大学升华学生公寓附近路边，她突然发现一个女子倒在了地上。当时雨挺大的，只见这名女子倒在地上浑身发抖。秦丹丹赶紧跑过去问她怎么了，女子身体很虚弱，说话声音很小，她艰难地说出"很冷"两个字，然后用手指着一张掉在地上被打湿的纸，让秦丹丹打电话。于是，秦丹丹一边给倒地女子撑伞遮雨挡风，一边照纸条上的号码打电话。接电话的是女子的弟弟，秦丹丹让他赶紧赶过来。

在场的一名环卫工人也赶了过来，两人一起守护在女子身边。过了一会，长沙理工大学的一位男老师开车从此地经过，看到这一幕他赶紧下车查看情况，听到倒地女子说冷之后，他返回车上拿了一件自己的外套盖在女子身上。

不久，市民周女士和一名买菜的女子也路过帮忙，周女士询问了几句后，赶忙打 120 联系医院，并打电话给朋友询问急救的方式。于是，五人齐心协力，默契地分工合作，为倒地女子撑伞、挡风、加衣、拨打 120 和联系家属。

### 女子康复后感谢长沙市民相助

就这样，秦丹丹和其他四名路人都没有离开，雨中一直守护在倒地女子身边。大概半小时后，女子的弟弟赶到，120 急救车也赶到了现场。直到把女子安心地交给家属并送上救护车，五位好心市民才安心离开。"当时我也没想这么多，我觉得她的状况不好，需要人的帮助，所以我脑子里想的就是我该怎么办能帮到她。"秦丹丹说。

据了解，这名倒地的女子姓吴，河北邯郸人，4 月 7 日从河北来长沙办事，因为她有低血糖，加上当天早上没吃早餐，于是便突然晕倒在地上。"我现在已经没事了，幸亏长沙市民的热情相助，真的很感激。"吴女士说。

（来源：《长沙晚报》2015 年 04 月 09 日第 A02）

湖南教育新闻网

## 中南大学见义勇为师生群体：用行动传播正能量

作者：阳锡叶

主动捐献造血干细胞，暴雨中为昏倒女子撑伞半小时，救起落水农妇……今年以来，中南大学学生的诸多先进事迹，引起社会广泛关注。据不完全统计，近年来，中南大学先进典型辈出，仅近三年，该校就有 30 余名师生直接参与到 18 起见义勇为事件中。

### 研究生救人团队和"中南最美女孩"

今年 4 月 16 日中午时分，湖南省益阳市阳罗洲镇七子洑村，一名 60 岁左右的农妇在干农活时不慎掉入河里，河水有一人多深，农妇随时有生命危险。

在当地进行现场调查的中南大学公共卫生学院博士生秦露露、杨杨、胡召、高凡，硕士生张婷、蒋芳凡等正好经过此地。看见在水中挣扎的农妇，杨杨、胡召立即跳入河中，另外 4 名研究生则在岸边接应，6 人共同努力将农妇从水中救起。

农妇被救出后,面色苍白,嘴唇发绀,已经不能开口说话,6 人立即对她进行了心肺复苏等专业急救。经抢救脱离危险后,6 人与闻讯赶来的农妇丈夫将其送回家中。事后,农妇的亲属专门来到中南大学,给同学们送来了"舍己救人,品德高尚"的锦旗。

1991 年出生的秦丹丹,今年刚刚从中南大学商学院金融专业毕业。4 月 7日,倒春寒肆虐,一场暴雨不期而至。秦丹丹从外回校途中,只见一名陌生的女子昏倒在了马路边。

"当时她嘴唇和手都在发抖,脸色苍白,衣服都被雨打湿了。"秦丹丹赶紧上前为她撑伞,并发现了她身旁的一张有电话号码的纸条,当即联系上了这个号码。这时,几位市民也走上前来,有的打急救电话,有的拿外套给她抵御寒冷。

半小时后,家属和救护车先后赶到,秦丹丹这才放心回到了学校。

秦丹丹冒雨救人的事迹,经网友拍照上传到微博,引起社会广泛关注,她还被网友称赞为"中南最美女孩"。


### "救助陌生人,这只是一件很小的事情"

这样的救人故事,在中南大学不是个例。

辅导员老师王超上班途中停车救人、郑强伟老师救助学生家长、中南大学湘雅二医院薛志敏教授高空救人、郑传均副教授桂林勇救落水儿童、学生金冠华骑行途中救助横遭车祸陌生人……中南大学师生救助他人的事迹频频见诸报端。据不完全统计,仅近 3 年,该校就有 30 余名师生直接参与到 18 起见义勇为事件中。而百度"中南大学救人"关键词,可搜索到 376000 个结果。

不仅如此,该校师生还广泛地参与到社会募捐、公益救助、下乡义诊等行动中去。拿该校大门口的雷锋岗来说,成立 12 年,就累计有 5000 余名大学生志愿者加入服务团队,累计帮助校内外人群 12 万余人。

见义勇为,助人为乐,在中南大学的师生看来,并不是什么特别的事情。"中南最美女孩"秦丹丹说:"救助陌生人,这只是一件很小的事情,放在我的任何一个同学身上,大家都会去做的。"

同时，在大灾大难面前，如在汶川大地震灾区、监利沉船事件中、埃博拉疫情灾区等，也少不了中南大学师生的身影。他们还成立了和谐中南基金，共汇集善款 3000 多万元，资助困难师生 48 人，资助总额 180 多万。

### 救人从未救出麻烦

在中南大学师生所救助过的人当中，既有七旬老人，也有五六岁的孩子，涉及的职业各种各样。采访中，很多媒体关心的一个问题是，"遇到过救人救出麻烦的事没有？"

"这么多年来，关于救人的典型事迹，发生在中南大学师生身上的可谓数不胜数。但救人救出麻烦的，还没有！"中南大学党委副书记高山说，这从一个侧面反映出，我们的社会风气还是健康的，像老人讹诈这样的案例只是个别现象，"许多时候负面效应是被放大了"。

事实上，在中南大学所救助过的人当中，大多数人"知恩图报"。今年 72 岁的耿老两年前在中南大学湘雅二医院胸心外科进行了心脏搭桥手术。2013 年 6 月 18 日，他在老伴的陪同下前往医院复诊，在马路边等的士回家时，因为天气炎热，耿老没站几分钟便支持不住了，意识慢慢变得模糊，腿脚渐渐支撑不住身体了。

老伴见状大声呼救，此时，从该院门诊走出来的一个穿白大褂的小伙子闻声迅速跑过来，稍作检查后，背起老人便往急诊室跑。"我有 75 公斤，从门诊到急诊室，他歇了 4 次。"耿老当时虽然意识模糊，但仍然记得背他的小伙子满头大汗的样子。通过胸牌，两位老人记住了这个小伙子的名字：徐敏。到急诊室交接后，因为另有急事，徐敏马上就离开了。

经过治疗化险为夷后，耿老非常感谢徐敏，辗转数次，终于联系上了即将入职的中南大学医学研究生徐敏，还坚持要送他礼物，被徐敏拒绝了。

"大学要成为正能量的传播源。正能量多一点，社会风气就会更好一些。当越来越多的人向上、向善、向美时，我们社会的见义勇为、助人为乐自然就成了一种风尚。"高山说。

（来源：湖南教育新闻网 – 教育要闻 http://news. hnjy. com. cn/jyyw/126256. jhtml）

### 3. 微言微议

近来,中南大学接连涌现出主动捐献造血干细胞、见义勇为救人等三例先进事迹,在社会上引起强烈反响,受到社会各界的普遍赞誉。中南大学救人大学生群体用自己的实际行动诠释了"中国好青年"的内涵,也充分展现大学学子代表的当代青年的满满正能量。

——摘自新华网

中南大学青年学子的热血之举,不仅为社会主义核心价值观增添了一抹青春的色彩,成为践行核心价值观、培育和传播正能量的一个范本,更为我们社会如何涌现更多好人好事留下更多的思考。

——摘自新华网

中南大学好青年层出不穷,一个重要原因就是形成了"向善求真、唯美有容,只问对错、少问功利"的校园风气。事实证明,只要有了正确的人生观和价值观,青年人就有了朝气和正气,有了支撑起社会发展和进步的责任和担当。青年有担当,国家就有希望,相信会有越来越多的青年奋发有为,挺起我们国家和民族的脊梁!

——摘自央广网 – 中国之声

中南大学莘莘学子毫不犹豫的救人事迹,一件接着一件,不论大小轻重,都代表了一种向上、向善的力量,勾勒出当代青年学生良好精神风貌的群像。人们欣慰地看到,意气风发、心怀梦想的年轻人在勤奋学习之余,从现在做起,从自己做起,践行社会主义核心价值观,既收获了"送人玫瑰"后的"手有余香",也催发文明道德之花在中华大地璀璨绽放。他们的美好言行,让社会变得更加温暖有爱,特别值得关注、喝彩、赞赏与支持。

——摘自《经济日报》

令人欣慰的是,在危急关头,心存"知行合一、经世致用"校训和"向善、求真、唯美、有容"精神的中南大学学生们不仅释放出了足够的勇气和善意,而且以专业知识和理智行为成功挽救了三个生命,让救人者与被救者都安然无恙。正是内存善心,外化于行,才会引领更多的青年学生成长为一个靠谱的人、善良的人、领悟生命意义的人，传递向上向善的青春正能量。

——摘自《农民日报》

临近"五四"青年节，三起救人事迹在校内和社会中引起强烈反响。全校师生不约而同为学生们的行为点赞，表示要以先进学生为榜样，传播正义和爱的正能量。在学生微信圈、微博和 QQ 群组等网络平台里，学生们对三起救人事迹赞赏、支持和转发，并冠上"最帅毕业生、最美女生"等称号，纷纷表示他们毫不犹豫救人的事迹，温暖了人心、温暖了社会，传递了正能量，弘扬了社会主义核心价值观，为同学们做出了榜样。同时，社会媒体广泛关注救人事迹，人民网、新华网、中青网、新浪网、红网、潇湘晨报等20多家媒体进行了报道，相关微博浏览次数达数万次，给予这些学生高度评价。

——摘自《湖南省教育厅 – 教育快讯专栏》

## 第三节　好青年守则

整理：YOYO　图源：中南大学 & 中南小团子

小南，在过去的时光里，咱们中南涌现出了好多"中南好青年"呢！你还记得吗？

当然记得呀，捐器官，救溺水……中南学子是棒棒哒！趁这个机会我们来说说我们的中南好青年守则吧！

进行爱心捐款，为贫困山区捐赠物资

助人无关金额，贵在天心

常驻中南雷锋岗，帮助老人提重物

行善不论大小，重在坚持

到地铁站去做志愿者

付出不问回报，旨在开心

去敬老院陪老人聊天，
教福利院的孩子们画画

关爱不止物质，还有陪伴

义务支教，义务义诊，
做一些这个社会需要的义工

"处在一个正能量圈里，
自然而然要做一些正能量的事。"

见人要扶，不犹豫

"看见老人跌倒要去扶，
出了官司法学院帮你打，
肯定能赢；有赔偿，
学校来帮你出钱！"

积极献血，有担当

"我们的校训叫做
"知行合一，经世致用"，
这就是一种担当的精神。"

拯救溺水者，灾难时助他人逃生　　　　　救人不是冲动，需要理智

　　　　　　　　　　　　　　拯救生命是一种幸运，更是责任

捐献器官挽救生命

我们是中南人，要争做中南好青年哦！

富强　民主　文明　和谐
自由　平等　公正　法治
爱国　敬业　诚信　友善

# 后 记

2000年4月,原中南工业大学和湖南医科大学、长沙铁道学院合并组建中南大学。"中南大学"组建虽然只有17年,但创建于1952年的中南工业大学和创建于1953年的长沙铁道学院的主体学科最早可溯源于1903年创办的湖南高等实业学堂的矿科和路科,原湖南医科大学的前身则为1914年创建的湘雅医学专门学校。中南文化源于20世纪初期我国最早的高等教育,至今已有100多年。

20世纪初期的中国,积贫积弱,内忧外患。随着社会革命、民族振兴的时代要求而兴起的文化运动如火如荼,民主和科学成为时代倡导的大旗。此时,国家富强和人民健康成为时代的呼唤,工科(矿科、路科)和医科应运而生。三校文化均起源于经世致用:立足国富民强需要,采用中西合璧形式。

新中国建立之初,百废待兴,百端待举,矿科、路科和医科亦成为国家建设和发展的战略重点。湖南医学院秉承湘雅治学精神,以崭新的姿态投入新中国建设;原中南工业大学的前身中南矿冶学院和长沙铁道学院继往开来,独立建校。在新中国怀抱中,三校的校训校风虽文字表达有别,但本质意义和价值取向均为学以致用或经世致用——为国家富强、社会进步、人民幸福做贡献、育人才。

顺应中国高等教育体制改革大势,以三校学科为基础,中南大学组建成一所综合性大学。学校坚持瞄准国家和社会重大需求,积极服务国民经济建设和国防现代化建设主战场和民生建设大领域。在培养学生科学精神、人文精神和理想信仰的同时,贯彻价值塑造、能力培养、知识传授"三位一体"的人才培养理念,强化以德育人、立德树人。在十余年的办学实践中,秉承和提炼三校办学积淀,明确提出:弘扬以"知行合一、经世致用"校训为核心的大学精神,力行"向善、求真、唯美、有容"的校风。以校训校风为核心表达中南文化,引领中南人实现人生的理想和意义,熏陶中南人把人文精神和科学精神结合起来,做一个有益于社会的人。

中南文化,源远流长,奕叶传芳,箕裘相继,立足国家高度,放眼人类未来,春风化雨,催生了一代代具有科学精神、人文精神和时代精神的中南人。国家和社会哪里有需要,哪里就有中南人的身影,就有中南人的故事。他们用行动、用故事、用贡献诠释了中南文化的生机和力量。

如何让校园文化更好地浸润师生、扎根心灵?这就需要我们营造一个好的文化环境。近些年,学校做了这样几项工作:一是外在形态上,加强显示度,让师生知晓、牢记。结合标识系统建设,将校训、校风在标识系统中体现,并使用在日常的工作、学习和生活中,使得广大师生员工随处可见。二是在内在表达上,多渠道宣讲,让师生了解、认同。书记、校长等校领导在新生入学第一课、开学典礼、毕业典礼上,讲述大学故事,精彩解读校训校风;各学院开设新生课堂等专题讲座,让师生从感知上更认同。三是校园媒体广泛传播,在《中南人物》《中南故事》等栏目报道中,以典型人物、典型事例传播校训校风,让师生从情感上更贴近,心理层面容易接受和被感染。

本书选编的人物和故事,仅仅只是中南师生员工中的一小部分代表,我们期待他们身上体现的中南人的特质,可以感染影响更多的中南人。

在此感谢所有为本书的编写提供了帮助的老师学生和校友。因水平有限,书中难免有错误和纰漏,还请各位读者朋友批评指正。

本书编写组